U0937398

国家自然科学基金项目“创新价值链视角下的非核心企业创新行为模式演化机理研究”(71573113)
国家自然科学基金应急项目“深化国有企业改革的途径和对策研究”(71541028)

国家“双一流”建设学科
辽宁大学应用经济学系列丛书
青年学者系列
总主编◎林木西

创新网络中非核心企业技术创新能力评价研究

Research on Evaluation of Technological Innovation Ability of Non-core Enterprises in Innovation Network

由 雷 著

中国财经出版传媒集团
经济科学出版社
Economic Science Press

图书在版编目（CIP）数据

创新网络中非核心企业技术创新能力评价研究/由雷著．—北京：经济科学出版社，2020.12
（辽宁大学应用经济学系列丛书．青年学者系列）
ISBN 978-7-5218-2173-4

Ⅰ.①创… Ⅱ.①由… Ⅲ.①企业创新-创造能力-研究 Ⅳ.①F279.2

中国版本图书馆CIP数据核字（2020）第248107号

责任编辑：李一心
责任校对：靳玉环
责任印制：范 艳 张佳裕

创新网络中非核心企业技术创新能力评价研究
由 雷 著
经济科学出版社出版、发行 新华书店经销
社址：北京市海淀区阜成路甲28号 邮编：100142
总编部电话：010-88191217 发行部电话：010-88191522
网址：www.esp.com.cn
电子邮箱：esp@esp.com.cn
天猫网店：经济科学出版社旗舰店
网址：http://jjkxcbs.tmall.com
北京季蜂印刷有限公司印装
710×1000 16开 11.5印张 170000字
2020年12月第1版 2020年12月第1次印刷
ISBN 978-7-5218-2173-4 定价：46.00元
（图书出现印装问题，本社负责调换。电话：010-88191510）

总　序

本丛书为国家“双一流”建设学科“辽宁大学应用经济学”系列丛书，也是我主编的第三套系列丛书。前两套系列丛书出版后，总体看效果还可以：第一套是《国民经济学系列丛书》（2005年至今已出版13部），2011年被列入“十二五”国家重点出版物出版规划项目；第二套是《东北老工业基地全面振兴系列丛书》（共10部），在列入“十二五”国家重点出版物出版规划项目的同时，还被确定为2011年“十二五”规划400种精品项目（社科与人文科学155种），围绕这两套系列丛书取得了一系列成果，获得了一些奖项。

主编系列丛书从某种意义上说是“打造概念”。比如说第一套系列丛书也是全国第一套国民经济学系列丛书，主要为辽宁大学国民经济学国家重点学科“树立形象”；第二套则是在辽宁大学连续主持国家社会科学基金“八五”至“十一五”重大（点）项目，围绕东北（辽宁）老工业基地调整改造和全面振兴进行系统研究和滚动研究的基础上持续进行探索的结果，为促进我校区域经济学学科建设、服务地方经济社会发展做出贡献。在这一过程中，既出成果也带队伍、建平台、组团队，使得我校应用经济学学科建设不断跃上新台阶。

主编这套系列丛书旨在使辽宁大学应用经济学学科建设有一个更大的发展。辽宁大学应用经济学学科的历史说长不长、说短不短。早在1958年建校伊始，便设立了经济系、财政系、计统系等9个系，其中经济系由原东北财经学院的工业经济、农业经济、贸易经济三系合成，财税系和计统系即原东北财经学院的财信系、计统系。1959年院系调整，将经济系留在沈阳的辽宁大学，将财政系、计统系迁到大连组建辽宁财经学院（即现东北财经大学前身），将工业经济、农业经济、贸易经济三个专业的学生培养到毕业为止。由此形成了辽宁大学重点发展理论经济学（主要是政治经济学）、辽宁财经学院重点发展应用经济学的大体格局。实际上，后来辽宁大学也发展了应用经济学，东北财经大学也发展了理论经济学，发展得都不错。1978 年，辽宁大学恢复招收工业经济本科生，1980 年受人民银行总行委托、经教育部批准开始招收国际金融本科生，1984 年辽宁大学在全国第一批成立了经济管理学院，增设计划统计、会计、保险、投资经济、国际贸易等本科专业。到 20 世纪 90 年代中期，辽宁大学已有西方经济学、世界经济、国民经济计划与管理、国际金融、工业经济等 5 个二级学科博士点，当时在全国同类院校似不多见。1998 年，建立国家重点教学基地“辽宁大学国家经济学基础人才培养基地”。2000 年，获批建设第二批教育部人文社会科学重点研究基地“辽宁大学比较经济体制研究中心”（2010 年经教育部社会科学司批准更名为“转型国家经济政治研究中心”）；同年，在理论经济学一级学科博士点评审中名列全国第一。2003 年，在应用经济学一级学科博士点评审中并列全国第一。2010 年，新增金融、应用统计、税务、国际商务、保险等全国首批应用经济学类专业学位硕士点；2011 年，获全国第一批统计学一级学科博士点，从而实现经济学、统计学一级学科博士点“大满贯”。

在二级学科重点学科建设方面，1984 年，外国经济思想史（即后来的西方经济学）和政治经济学被评为省级重点学科；1995 年，西方经济学被评为省级重点学科，国民经济管理被确定为省级重点扶持学科；1997 年，西方经济学、国际经济学、国民经济管理被评为省级重点学科和重点扶持学科；2002 年、2007 年国民经济学、世界经济连续两届被评为国家重点学科；2007 年，金融学被评为国家重点学科。

在应用经济学一级学科重点学科建设方面，2017 年 9 月被教育部、财政部、国家发展和改革委员会确定为国家“双一流”建设学科，成为东北地区唯一一个经济学科国家“双一流”建设学科。这是我校继

1997年成为“211”工程重点建设高校20年之后学科建设的又一次重大跨越，也是辽宁大学经济学科三代人共同努力的结果。此前，2008年被评为第一批一级学科省级重点学科，2009年被确定为辽宁省“提升高等学校核心竞争力特色学科建设工程”高水平重点学科，2014年被确定为辽宁省一流特色学科第一层次学科，2016年被辽宁省人民政府确定为省一流学科。

在“211工程”建设方面，在“九五”立项的重点学科建设项目是“国民经济学与城市发展”和“世界经济与金融”，“十五”立项的重点学科建设项目是“辽宁城市经济”，“211工程”三期立项的重点学科建设项目是“东北老工业基地全面振兴”和“金融可持续协调发展理论与政策”，基本上是围绕国家重点学科和省级重点学科而展开的。

经过多年的积淀与发展，辽宁大学应用经济学、理论经济学、统计学“三箭齐发”，国民经济学、世界经济、金融学国家重点学科“率先突破”，由“万人计划”领军人才、长江学者特聘教授领衔，中青年学术骨干梯次跟进，形成了一大批高水平的学术成果，培养出一批又一批优秀人才，多次获得国家级教学和科研奖励，在服务东北老工业基地全面振兴等方面做出了积极贡献。

编写这套《辽宁大学应用经济学系列丛书》主要有三个目的：

一是促进应用经济学一流学科全面发展。以往辽宁大学应用经济学主要依托国民经济学和金融学国家重点学科和省级重点学科进行建设，取得了重要进展。这个“特色发展”的总体思路无疑是正确的。进入“十三五”时期，根据“双一流”建设需要，本学科确定了“区域经济学、产业经济学与东北振兴”“世界经济、国际贸易学与东北亚合作”“国民经济学与地方政府创新”“金融学、财政学与区域发展”“政治经济学与理论创新”5个学科方向。其目标是到2020年，努力将本学科建设成为立足于东北经济社会发展、为东北振兴和东北亚区域合作做出应有贡献的一流学科。因此，本套丛书旨在为实现这一目标提供更大的平台支持。

二是加快培养中青年骨干教师茁壮成长。目前，本学科已形成包括长江学者特聘教授、国家高层次人才特殊支持计划领军人才、全国先进工作者、“万人计划”教学名师、“万人计划”哲学社会科学领军人才、国务院学位委员会学科评议组成员、全国专业学位研究生教育指导委员会委员、文化名家暨“四个一批”人才、国家“百千万”人才工程入选者、国家级教学名师、全国模范教师、全国优秀教师、教育部新世纪优秀人才、教育部高等学校教学指导委员会主任委员和委员、国家社会科学基金重大项目首席专家等在内的学科团队。本丛书设学术、青年学者、教材、智库四个子系列，重点出版中青年教师的学术著作，带动他们尽快脱颖而出，力争早日担纲学科建设。

三是在新时代东北全面振兴、全方位振兴中做出更大贡献。面对新形势、新任务、新考验，我们力争提供更多具有原创性的科研成果、具有较大影响的教学改革成果、具有更高决策咨询价值的智库成果。丛书的部分成果为中国智库索引来源智库“辽宁大学东北振兴研究中心”和“辽宁省东北地区面向东北亚区域开放协同创新中心”及省级重点新型智库研究成果，部分成果为国家社会科学基金项目、国家自然科学基金项目、教育部人文社会科学研究项目和其他省部级重点科研项目阶段研究成果，部分成果为财政部“十三五”规划教材，这些为东北振兴提供了有力的理论支撑和智力支持。

这套系列丛书的出版，得到了辽宁大学党委书记周浩波、校长潘一山和中国财经出版传媒集团副总经理吕萍的大力支持。在丛书出版之际，谨向所有关心支持辽宁大学应用经济学建设与发展的各界朋友，向辛勤付出的学科团队成员表示衷心感谢！

林木西

2019年10月

序

创新是引领发展的第一动力，是当今时代的重大命题。抓创新就是抓发展，谋创新就是谋未来。改革开放以来，中国企业经历了几十年的发展，科技创新在企业发展过程中的作用愈加重要，是企业不断向前的内在动力。特别是2020年这场新冠肺炎疫情，更让我们看到企业责任、定位、创新技术储备和创新产品储备的重要性。

很高兴看到《创新网络中非核心企业技术创新能力评价研究》一书，作者以创新网络中的非核心企业为分析对象，连续三年潜心研究，得出了许多新颖和有价值的成果。

随着我国企业技术创新活动的不断发展，创新网络及其结构成为创新驱动发展的重要内容。在创新网络中分布着大量的非核心企业和少数核心企业，非核心企业受控于网络中心位置的核心企业，为核心企业提供代工或配套加工服务。在创新网络中虽然核心企业的重要性不言而喻，但是如果没有非核心企业对核心企业的配合，即创新网络中缺乏创新支撑的非核心企业，没有异质化的资源禀赋和独特的连续优势，核心企业则难以顺利发展。因此，非核心企业技术创新能力是整合外部创新资源，确保创新网络成功的关键。

面对当前产业转型和结构优化升级需求，非核心企业技术创新能力的提升，不仅关系到与核心企业创新实现的匹配关系，更关系到支撑企业所在创新网络的整体创新水平和竞争力的提升。据此，作者在创新驱动发展的大背景下，重点研究创新网络中非核心企业技术创新能力的基本水平、影响非核心企业技术创新能力的主要因素及其未来成长趋势。通过创新网络内非核心企业技术创新能力水平及趋势的研究，有助于透过非核心企业创新演化路径的可变性，为观察、理解、预测和治理创新网络提供了一个新视角；也有助于我们通过适当的政策设计，提高非核心企业技术创新能力，对于促进非核心企业发展成为核心企业、促进非核心企业转型、产业升级和结构调整具有重要的现实意义。

本书主要分为七章，第一章主要介绍本书的研究背景与意义、研究内容与创新点、研究方法与技术路线；第二章界定了本书写作的三大主要概念：创新网络、核心企业、非核心企业，梳理了有关创新网络的相关国内外文献；第三章为创新网络中非核心企业技术创新能力理论分析，构建出了创新网络中非核心企业技术创新能力成长模型；第四章为创新网络中非核心企业技术创新能力指标体系构建，通过对不同技术创新能力影响因素的分析，构建非核心企业技术创新能力评价指标体系；第五章是创新网络中非核心企业技术创新能力样本分析，通过调查数据梳理，研究目前非核心企业与核心企业在企业规模、经济类型、产业分布和技术创水平、网络环境等方面的差异；第六章是创新网络中非核心企业技术创新能力实证分析，运用因子分析、权重系数分析、最优尺分析及二元 Logistic 回归分析，分析目前创新网络中非核心企业技术创新能力的基本水平，找出影响因素对不同技术创新能力水平的影响系数差异，预测未来非核心企业技术创新能力成长趋势和不同成长阶段非核心企业的分布情况；最后一章总结了本书研究的局限与未来对创新网络中非核心企业科技创新发展模式等研究的展望。

本书力求用大量数据与事实，分析在创新网络中非核心企业的数量、特征、科技创新能力水平以及未来发展趋势，研究具有科学性、创新性、前瞻性。我很高兴向广大读者推荐此书。

全国政协参政议政人才库特聘专家
清华大学国际生物经济中心主任、教授

2020 年 10 月

目　录

第一章　绪论 …… 1

第一节　研究背景与问题提出 …… 1
第二节　研究意义 …… 5
第三节　研究内容与创新点 …… 7
第四节　研究方法与技术路线 …… 8
第五节　本章小结 …… 10

第二章　创新网络与非核心企业的理论 …… 11

第一节　创新网络与非核心企业的概念 …… 11
第二节　创新网络的相关文献综述 …… 22
第三节　本章小结 …… 46

第三章　创新网络中非核心企业技术创新能力理论分析 …… 47

第一节　创新网络中企业技术创新能力分类及成长趋势 …… 47
第二节　创新网络中核心企业与非核心企业对比分析 …… 51
第三节　创新网络中非核心企业技术创新能力影响机理分析 …… 56
第四节　理论模型构建 …… 68
第五节　本章小结 …… 69

第四章　创新网络中非核心企业技术创新能力指标体系构建 …… 70

第一节　指标设置的原则 …… 70
第二节　评价指标体系构建 …… 72
第三节　评价指标体系确定 …… 79
第四节　本章小结 …… 82

第五章　创新网络中非核心企业技术创新能力样本分析 …… 83

第一节　样本数据描述 …… 83
第二节　样本数据分析 …… 89
第三节　本章小结 …… 99

第六章　创新网络中非核心企业技术创新能力实证分析 …… 101

第一节　非核心企业技术创新能力水平分析 …… 101
第二节　非核心企业技术创新能力影响因素分析——权重系数 …… 115
第三节　非核心企业技术创新能力影响因素分析——最优尺回归 …… 118
第四节　非核心企业技术创新能力成长趋势分析 …… 133
第五节　本章小结 …… 142

第七章　研究结论与展望 …… 144

第一节　研究结论 …… 144
第二节　研究展望 …… 147

附录……………………………………………………………… 149
参考文献…………………………………………………………… 154
后记……………………………………………………………… 169

第一章

绪　论

第一节　研究背景与问题提出

一、研究背景

（一）理论背景

随着我国企业技术创新活动的不断发展，创新网络及其结构成为创新驱动发展的重要内容。目前，国外相关学者从不同的研究角度对创新驱动发展新动力的创新网络做了大量的研究工作。马歇尔（1890）在《经济学原理》一书中提出，经济发展的发动机是知识[①]；创新经济学创始人熊彼特（1912）在其著作《经济发展理论——对于利润、资本、信贷、利息和经济周期的考察》中首次提出“创新”的概念；而后，现代经济学家弗里曼（1987）提出了著名的“国家创新系统”理论，他建立的经济理论框架是从系统论角度研究创新如何促进地区经济增长

① ［美］阿尔弗雷德·马歇尔：《经济学原理》，贾开吉译，万卷出版公司 2012 年版。

的，弗里曼的贡献是阐明了创新各要素之间的作用，提出创新是复杂的非线性过程；迈克尔·波特（1997）运用国家竞争优势理论对经济发展的阶段进行三阶段划分，认为生产要素、投资、创新和富裕是影响经济发展的关键因素，因此经济发展的第三阶段即为创新驱动阶段，在该阶段经济发展主要依靠科学技术，实现经济的发展和科学技术相互配合，不断扩大经济的增长规模，优化产业结构[①]。洛桑（Francisco Louçã，2014）从历史的角度呈现作为创新先驱的熊彼特所遇到的困难，他解释了内生创新和产业突变的概念，该种方式与之后的计量经济学家们的观点存在巨大差异[②]；有学者揭示了影响专利原创性发展的关键因素是不同知识条件驱动大学创新发展，探讨了研究内容与专利原创性是怎样联系起来的，发现当大学的科学家的经费部分由其自己的大学提供时，他们更倾向于创造更多的原创专利（Marco Guerzoni et al.，2014）[③]；有学者对美国和非美国的研究机构对比时，发现美国大学在企业技术流动方面速度有所增加，但是减少了新技术的产生，因此在新技术突破方面存在瓶颈（Hyun Ju Jung，2014）[④]；有学者探讨了国有企业创新可以促进就业增长，认为国有企业生产力素质提高和生产工艺创新，能够使国有企业的失业小于外商独资企业（Bernhard Dachs & Bettina Peters，2014）[⑤]。

目前，创新已不仅仅是经济驱动的一种要素，而是经济发展的关键核心，创新已经扩散到整体经济体系之中，同时创新网络已经成为目前

---

① ［美］迈克尔·波特：《竞争战略》，华夏出版社 1997 年版。

② Francisco Louçã. Identifying emerging topics in science and technology ［J］. *Research Policy*, 2014.

③ Marco Guerzoni, T. Taylor Aldridge, David B. Audretsch, Sameeksha Desai, A new industry creation and originality: Insight from the funding sources of university patents ［J］. *Research Policy*, 2014: 1697 – 1706.

④ Hyun Ju Jung. Jeongsik "Jay" Lee, The impacts of science and technology policy interventions on university research: Evidence from the U. S. National Nanotechnology Initiative ［J］. *Research Policy*, 2014.

⑤ Bernhard Dachs, Bettina Peters. Innovation, employment growth, and foreign ownership of firms: A European perspective ［J］. *Research Policy*, 2014.

经济增长的主要方式和发展模式①。因此，近年来国内学者对于创新网络的研究也日益深入。尹德志（2013）指出技术进步是促进经济持续快速发展的关键条件，创新发展就是指依靠技术创新带来经济效益同时促进区域经济增长②；程郁、陈雪（2013）认为创新网络是经济可持续发展的同时赢得竞争力的关键因素，创新网络能够促进新知识和新技术的产生，能够突破传统经济发展模式下对资源和生产要素的约束③；洪银兴（2013）提出创新分为科技创新、商业模式创新和制度创新，每一种创新模式均驱动经济发展，同时科技创新是核心④；夏天（2010）认为创新网络中的主体是企业，而不是科研机构，强调了企业与高校和科研院所等其他利益主体之间的互动关系，创新网络的驱动力是由产学研各利益主体之间相互作用构成的⑤；葛秋萍、李梅（2013）指出我国创新网络的升级政策的着力点在于综合运用各种政策工具，通过增强产业创新动力、提升产业创新能力和实现产业化来加强产业共性技术研究⑥；王海花等（2014）认为产业创新体系是以企业为主体的其他各利益主体之间相结合的关系，应以市场为导向，企业在创新网络中是技术选择、项目企业确定和创新投入产出的关键选择者⑦。

从以上分析可见，在中国经济进入新常态发展阶段过程中，创新网络发展已经成为核心内容，在创新网络中，不同位置的企业之间存在着许多复杂关系，形成了不同类型的核心企业和非核心企业。目前，鲜有研究关注创新网络中非核心企业技术创新能力，因此，本书的研究将基

---

① 夏天：《创新驱动经济发展的显著特征及其最新启示》，载《中国软科学》2009 年第 10 期。

② 尹德志：《基于国家创新驱动发展研究》，载《科学管理研究》2013 年第 6 期。

③ 程郁、陈雪：《创新驱动的经济增长》，载《中国软科学》2013 年第 11 期。

④ 洪银兴：《论创新驱动经济发展战略》，载《经济学家》2013 年第 1 期。

⑤ 夏天：《创新驱动过程的阶段特征及其对创新型城市建设的启示》，载《科学学与科学技术管理》2010 年第 2 期。

⑥ 葛秋萍、李梅：《我国创新驱动型产业升级政策研究》，载《科技进步与对策》2013 年第 8 期。

⑦ 王海花、谢富纪、周嵩安：《创新生态系统视角下我国实施创新驱动发展战略的“四维”协同框架》，载《科技进步与对策》2014 年第 9 期。

于创新网络理论背景，研究非核心企业在创新网络中的技术创新能力水平、影响因素及成长趋势。

（二）现实背景

进入新世纪，经济全球化的步伐日益加快，国内外经济政治局势也发生了剧烈的变化。科学技术发展速度迅猛，可持续的经济发展理念受到国内外认可，因此，迫切需要出现新的经济发展模式，能够解决经济发展中的现实问题。当前，中国经济发展进入新常态，正从高速增长转向中高速增长，从规模速度型粗放增长转向质量效率型集约增长，中国经济正在进入重大转型时期，宏观上支持中国长期增长的各项要素禀赋条件发生了新的变化①。创新网络发展也是经济发展，既包括经济量的增长，还包括社会经济结构的转换和人民生活水平的提高及质量改善②。党的十八大之后，我国明确提出了要实施创新驱动发展战略，同时确立了科技创新的核心地位，提出中国应坚持走具有中国特色的自主创新道路，应站在全球的视角，开始原始创新、集成创新和消化吸收再创新。因此，创新驱动发展战略已经上升为国家发展战略有其宏大而深刻的时代背景，知识经济方兴未艾和新一轮科技革命的孕育兴起所引发的产业革命为我国的发展创造了新的战略机遇③。创新网络作为当今科技创新发展的新型模式，它实现了网络中各利益主体之间的优势互补关系，丰富了自主创新理论和内涵，也反映了当今世界经济发展的新趋势④。我国作为发展中国家，创新网络能够减少国内不同行业、不同企业、不同地区间的技术水平差异，帮助技术水平较低的产业、企业或地区快速提升其技术创新能力，从而实现创新驱动发展⑤。另外，作为创

---

① 任保平、郭晗：《经济发展方式转变的创新驱动机制》，载《学术研究》2013 年第 2 期。

② 张来武：《论创新驱动发展》，载《中国软科学》2013 年第 1 期。

③ 马一德：《创新驱动发展与知识产权战略实施》，载《中国法学》2013 年第 4 期。

④ 张亚明、刘海鸥：《协同创新驱动的云计算服务模式与战略》，载《中国科技论坛》2013 年第 10 期。

⑤ 卫兴华：《创新驱动与转变发展方式》，载《经济纵横》2013 年第 7 期。

新网络中的主体——企业，在创新网络发展中占据了十分重要的地位，众所周知科技是创新的驱动要素。因此，企业作为创新网络中的主体，企业技术创新能力是促进创新网络发展的关键要素，同时也是促进地区经济发展的关键驱动因素。

二、问题提出

在创新网络中，存在大量的非核心企业和少量的核心企业，如果创新网络中缺乏创新支撑的非核心企业，没有异质化的资源禀赋和独特的连续优势，核心企业很难在结构性变化中生存和发展。面对新常态背景下的产业转型和结构优化升级需求，非核心企业技术创新能力的提升，不仅关系到与核心企业创新实现的匹配关系，更关系到支撑企业所在创新网络的整体创新水平和竞争力的提升。因此，需要我们厘清非核心企业技术创新能力水平、影响因素及成长趋势。

第二节 研究意义

一、理论意义

目前关于创新网络中核心企业的理论研究较多，但是鲜有基于非核心企业角度进行系统研究。本书以创新驱动发展为大背景，重点研究创新网络中非核心企业技术创新能力的水平、影响因素与成长趋势，试图探究非核心企业在创新网络中的成长阶段，对创新网络的理论研究具有十分重要的意义。

国内外关于创新网络的研究，目前多侧重于产学研协调合作方面，就是寻求合理分工、突破创新发展。本书认为新常态下的中国不仅需要一大批拥有创新竞争力的企业，也需要企业创新成长的创新网络生态体系。在创新网络中，不同位置的企业之间存在着许多复杂关系，形成了不同类型的核心企业和非核心企业。有的核心企业是外资企业，有的是国有企业，有的是大企业，无论何种类型的核心企业，其周围必然围绕着一大批非核心企业。在以往创新体系的相关研究中，核心企业创新一直是处于中心地位，特别关注核心企业的创新优势及其对网络整体绩效的影响，以及核心企业创新与网络的交互关系。相比而言，鲜有研究关注非核心企业创新的地位、成长、影响，即使有类似研究，也是将非核心企业置于被动地位，仅关注核心企业创新对非核心企业的单向影响，非核心企业的创新能力与行为模式常常被忽略。事实上，非核心企业创新行为所表现出的某些趋势，非常值得我们展开进一步研究。因此，本书的研究将有助于丰富非核心企业创新能力与行为的相关研究。

二、实践意义

实施创新驱动发展战略，是经济发展转向新发展方式的重要标志。以科学发现为源头的科技进步模式，体现知识创新和技术创新的衔接和融合，是技术进步路径的革命性变化。由于科技创新的源头主要是科学发现和知识创新，创新需要政府、大学、科研机构、企业和中介机构的创新发展[①]。在资源、市场双重约束下，能够嵌入集群网络的非核心企业一定有它独特的优势，这可以体现在创新价值链的某一个阶段，或某一个环节，或某一个关键技术节点上。创新网络的动态性也为非核心企业创造了机会。因此，适当的创新行为模式选择是非核心企业成长为核心企业的关键路径。通过创新网络内非核心企业技术创新行为演进规律研究，有助于透过非核心企业技术创新能力成长路径的可变性，为观察、理解、预测和治理创新网络提供了一个新视角；也有助于我们通过适当的政策设计，提高非核心企业技术创新能力，对于促进企业转型、产业升级和结构调整，加速创新驱动发展，具有重要的现实意义。

---

① 洪银兴：《关于创新驱动和协同创新的若干重要概念》，载《经济理论与经济管理》2013 年第 5 期。

第三节 研究内容与创新点

一、研究内容

通过对相关理论和文献资料的整理和研究，以及对目前我国与其他国家创新网络的研究，本书确定了以下研究内容：

第一章，绪论。在本章首先阐述了本书的研究背景和问题的提出；然后分析本书研究的理论与现实意义、研究内容与创新点；最后提出研究方法与技术路线。

第二章，创新网络与非核心企业的概念。首先阐述创新网络、核心企业与非核心企业的概念，区分创新网络中核心企业与非核心企业的差异，而后分别梳理创新网络的 6 个角度文献，即创新网络的利益相关者、创新网络的类型、结构、功能、影响因素和基本模式。

第三章，创新网络中非核心企业技术创新能力理论分析。首先阐述创新网络中非核心企业技术创新能力的相关理论，包括非核心企业的技术创新能力分类及成长趋势；其次，对比分析创新网络中核心企业与非核心企业在竞争优势及技术创新行为演化上的差异；最后，对创新网络中非核心企业技术创新能力影响机理进行研究，分别从技术水平、知识吸收、研发模式、知识专有性与网络环境 5 个方面，分析其与非核心企业技术创新能力之间的关系，提出本书的研究模型。

第四章，创新网络中非核心企业技术创新能力指标体系构建。根据第三章关于创新网络中非核心企业技术创新能力的分类、影响因素、创新行为演化分析，在借鉴企业技术创新能力评价指标体系的基础上，本书设计并提出“5 要素评价指标体系”，本书共选取 5 个一级指标即技术水平、知识吸收、研发模式、知识专有性与网络环境。

第五章，创新网络中非核心企业技术创新能力样本分析。通过对研究样本的 1379 家企业基本分布情况、技术创新情况及面临主要问题等方面分析，通过数据筛选出样本中的核心企业与非核心企业，找出核心企业与非核心企业在经济类型、产业分布、网络环境、技术水平等方面的差异。

第六章，创新网络中非核心企业技术创新能力实证分析。通过计量软件及统计分析，分别运用因子分析、权重系数分析、最优尺回归分析、二元 Logistic 回归分析创新网络中非核心企业技术创新能力、不同技术创新能力水平下影响因素的影响系数差异及未来成长趋势。

第七章，研究结论与展望。总结影响创新网络中非核心企业技术创新能力的 5 因素，分析目前创新网络中非核心企业技术创新能力水平及预测未来发展趋势，最后提出本书的局限性和未来展望。

二、创新点

（1）探索性研究如何识别创新网络中的非核心企业；

（2）构建了评价创新网络中非核心企业技术创新能力的指标体系；

（3）对创新网络中非核心企业技术创新水平进行了分析，同时研究不同技术创新能力水平下各影响因素对核心企业技术创新能力影响程度的演化规律，以及预测未来非核心企业技术创新能力的发展趋势。

第四节　研究方法与技术路线

一、研究方法

本书的研究方法为文献研究和统计分析等。

第一，文献研究。本书研究主要通网络数据库和技术经济学核心期刊，获得和国内外对本研究的相关文献，消化吸收国内外学者研究成果，梳理创新网络中非核心企业相关理论的发展与前沿问题，同时借鉴国内外学者研究相关问题的方法和已有的研究成果，在此基础之上构建本书的理论模式与指标体系。

第二，统计分析。根据研究目的的需要，本书采用描述分析、因子分析、最优尺回归及二元 Logistic 回归等分析方法对所收集到的数据进行处理。本书统计分析工具主要采用社会科学统计软件 SPSS19.0。

二、技术路线

本书技术路线如图 1-1 所示。

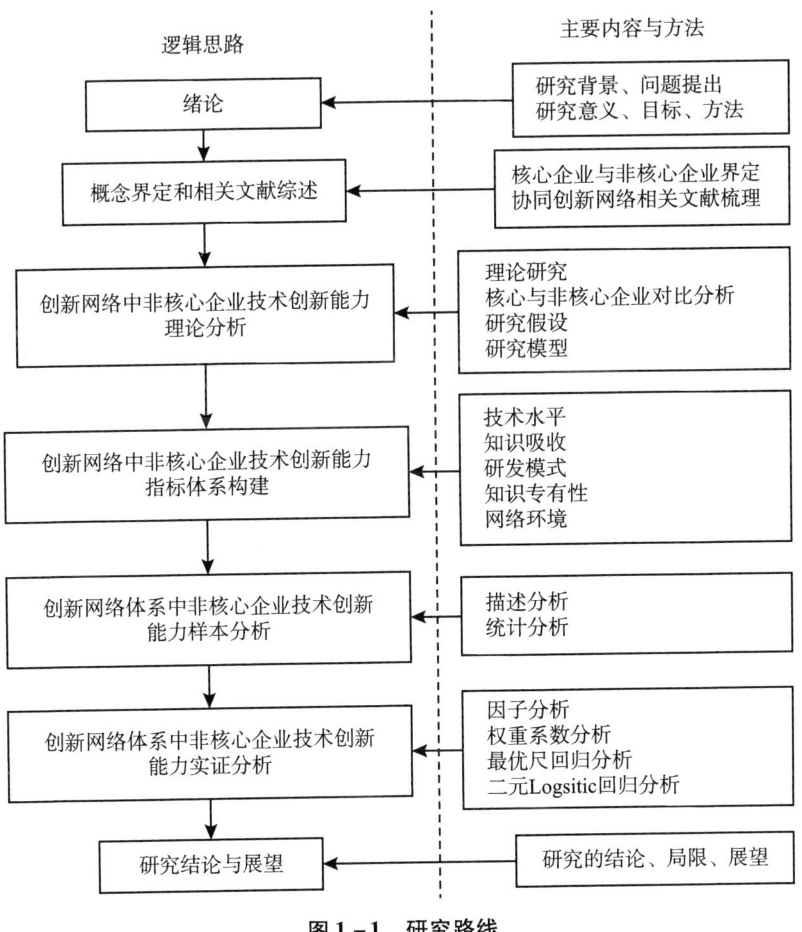

图 1-1 研究路线

第五节　本章小结

本章首先介绍选题的理论和现实背景，提出本书要研究的问题，即创新网络中非核心企业技术创新能力水平评价，分析本书的理论与现实意义。然后，提出本书的研究思路、研究结构、创新点和基本研究方法与技术路线。

第二章

创新网络与非核心企业的理论

第一节　创新网络与非核心企业的概念

一、创新网络的概念

创新理论是其创始人熊彼特最早在 1912 年的《经济发展理论》一书中提出的，他认为经济发展的核心是创新，该观点也为现代创新理论奠定了研究基础。熊彼特认为创新包括三方面，即技术创新、市场创新、制度创新。其中技术创新包括新产品、新工艺和新功能；制度创新包括组织变革等；市场创新包括新销售模式与采购方式等。在熊彼特之后，许多经济学家对创新理论进行了进一步研究，认为创新还分为技术创新理论与制度创新理论。其中，技术创新理论研究对技术创新的运行机制、影响因素、策略等问题进行讨论；制度创新理论主要研究企业的制度变革如何对企业效益产生影响[①]。最早提出创新网络概念的学者是

---

① 雷家骕、程源、杨湘玉：《技术经济学的基础理论与方法》，高等教育出版社 2005 年版。

伊玛克和巴巴克（Imaik & Babay，1989），定义创新网络是应付系统性创新的一种基本制度安排，创新网络中连接企业间的机制是创新合作关系①。而后，卡林多等（Galindo et al.，2013）通过对发达国家的企业家精神和经济增长之间互动关系的研究表明，三个因素——国内生产总值、创新和创业对企业家精神具有积极影响作用。同时，企业的经济活动促进创业和创新，企业家精神增强经济活动，进而改善社会整体环境。因此，决策者在设计经济决策时应考虑GDP、创新和创业等影响因素②。卡拉尼特等（Kalanit Efrat et al.，2014）从民族文化的角度研究创新能力，认为文化创新在某一时间段内，间接或直接影响创新，并且大多数文化对创新的影响周期持久③。阿尔基布吉（Archibugi，2013）通过对金融危机期间创新驱动投资的比较研究发现，金融危机导致创新活动主要集中在快速成长的公司中，这些公司的数量稀少，同时，这些公司为了更好应对新产品和新市场的发展，目前的创新水平已经远远高于金融危机之前④。安东内利（Antonelli，2013）认为经济全球化带动产品和资本市场的全球化，劳动力丰富的国家进入国际市场对发达国家产生深远的影响，不同劳动力的引入导致不同技能的引入，从而使技术发生变革。目前，市场更加偏向于知识密集型的部门，发达经济体的增长率主要依靠知识密集型产业而非资本节约技术⑤。巴鲁姆（Mahroum，2013）研究了“采用创新”的概念，认为采用创新式创新

---

① ImaiK，BabaY. Systemic Innovation and Cross－Border Networks：Transcending Markets and Hierarehies［C］. OECD Conference on Science，*Technology and Economic Growth*，Paris，1989.

② Miguel－Ángel Galindo，María Teresa Méndez. Entrepreneurship，economic growth，and innovation：Are feedback effects at work？［J］. *Journal of Business Research*，In Press，Corrected Proof，Available online 12 December 2013.

③ Kalanit Efrat. The direct and indirect impact of culture on innovation［J］. *Technovation*，Volume 34，Issue 1，January 2014：12－20.

④ Daniele Archibugi，Andrea Filippetti，Marion Frenz. Economic crisis and innovation：Is destruction prevailing over accumulation？［J］. Research Policy，Volume 42，Issue 2，March 2013：303－314.

⑤ Cristiano Antonelli，Claudio Fassio. The economics of the light economy：Globalization，skill biased technological change and slow growth［J］. *Technological Forecasting and Social Change*，In Press，Corrected Proof，Available online 12 December 2013.

体系的效率和有效性需通过访问、锚定、扩散、创建和开发创新几个环节进行[①]。杰哈（K. Jha，2013）分析跨国企业如何吸引来自发达经济体和新兴市场的创新，例如在印度，跨国企业主要通过与客户合作创新的方式，利用授权工程师及新产品开发方法实现自身全球化[②]。在经济全球化的时代，一个国家经济的重要增长点是具备国家创新体系，从外部吸引创新能力和思想，建立自身创新网络成为经济增长的一个强有力的工具。由于有些国家和地区善于采纳和适应借来思想，目前采用创新功能在学术和政策两个层面值得关注。伊尔科等（Erkko Autio et al.，2014）衡量环境的作用以及它对企业家创新产出的影响，他们首先分析了企业家创新和环境的研究框架，在此模型下，比较分析了创新网络、企业家精神和企业家创新的属性[③]。

我国关于创新网络的研究最早始于产学研创新，产学研创新理论研究始于20世纪90年代。1992年国家经贸委、教育部和中科院联合组织实施了"产学研联合开发工程"，促发了大量有关产学研合作的动因及影响因素、组织模式与治理机制、组织间关系及演变、交易成本和制度安排、合作效果评价等研究[④]。相对于传统意义上的产学研合作，创新网络是较为复杂的创新组织方式，创新网络形成的关键是以高校、企业、研究机构为核心，以政府、金融机构、中介组织、创新平台、非营利性组织等为辅的多元主体互动的网络创新模式，通过知识创造主体和技术创新主体间的深入合作和资源整合，演化出扁平化和自治型的"联合创新网络"。万幼清、邓明然（2007）认为通过创新可以提高企业的技术能力和学习能力，扩展各方的知识基础，有助于企业的持续创新，

① Sami Mahroum, Yasser Al - Saleh. Towards a functional framework for measuring national innovation efficacy [J]. *Technovation*, Volume 33, Issues 10 - 11, October - November 2013: 320 - 332.

② Srivardhini K. Jha, Rishikesha T. Krishnan, Local innovation: The key to globalisation [J]. *IIMB Management Review*, Volume 25, Issue 4, December 2013: 249 - 256.

③ Erkko Autio, Martin Kenney, Philippe Mustard, Don Siegel, Mike Wright. Entrepreneurial innovation: The importance of context, *Research Policy*, 2014.

④ 何郁冰：《产学研协同创新的理论模式》，载《科学学研究》2012年第2期。

最终促进各方核心能力的形成和发展①。胡军燕等（2011）研究结果发现三方面内容：第一，产业化程度对创新网络中各利益主体合作具有直接经济效益影响，但对合作专利申请量的正向影响不显著；第二，利益分配比例对专利申请量的影响不显著；第三，各投入要素中的企业和政府的投入对创新网络中创新绩效具有显著的正向影响作用②。李伟、董玉鹏（2014）提出创新的合作机制是在国家、高校、科研院所、金融机构和企业之间优势互补、利益共享基础上的效益产生的，具有风险共担、利益共享的特征③。

朱桂龙、彭有福（2003）界定了创新网络的概念，认为创新网络是由企业、高等院校和科研院所自主协商组成的从事研究开发、生产营销、咨询服务等活动的联合机构④。仲伟俊等（2009）认为衡量创新网络水平的指标不能用科技成果转化率，创新网络合作水平应由基于成果的合作向注重能力的合作转变，加快提升创新网络技术创新水平的关键是要增强企业技术创新的积极性和能力⑤。傅建球、张瑜（2010）对创新网络的平台功能进行系统分析，认为创新网络是一种创新平台，在该平台上能够实现整合企业、高校与科研机构的创新资源，外部环境不断进行物质、能量及信息交换等功能⑥。张力（2011）认为国家战略顶层设计与多方联合工程中的重要促进环节是推进创新，从而促成创新联盟，尤其需要深入整合创新网络各利益主体和社会各方资源，在引导外部需求和刺激内生动力之间实现平衡，不断营造有利于创新健康发展的

---

① 万幼清、邓明然：《基于知识视角的产业集群协同创新绩效分析》，载《科学学与科学技术管理》2007 年第 4 期。

② 胡军燕、朱桂龙、马莹莹：《开放式创新下产学研合作影响因素的系统动力学分析》，载《科学学与科学技术管理》2011 年第 8 期。

③ 李伟、董玉鹏：《协同创新过程中知识产权归属原则》，载《科学学研究》2014 年第 7 期。

④ 朱桂龙、彭有福：《产学研合作创新网络组织模式及其运作机制研究》，载《软科学》2003 年第 4 期。

⑤ 仲伟俊、梅姝娥、谢园园：《产学研合作技术创新模式分析》，载《中国软科学》2009 年第 8 期。

⑥ 傅建球、张瑜：《产学研合作创新平台建设研究》，载《工业技术经济》2010 年第 5 期。

网络环境和创新氛围①。饶燕婷（2012）提出为了鼓励和推动产学研创新，从而促进创新网络整体效率，政府应从法律和法规方面进行完善②。陈云（2012）认为创新网络中有三个主体：企业、大学、科研院所，如有用户深度参与，则成为四主体，网络中有三个辅体：政府、中介机构、金融机构③。徐静等（2012）认为动力机制在很大程度上影响创新网络之间各利益主体的合作效果，深入研究了我国创新网络的动力机制，指出创新网络应充分认识合力的重要性，通过聚力、借力和避力来提升各利益主体合作效果④。

王进富等（2013）提出动力、路径、知识可以促进创新网络机制实现紧密、稳定、持久的合作效应⑤。周正等（2013）驱动创新网络的因素分为内部与外部两个方面，其中，直接动力是内部动力，内部动力是在外部动力推动下，形成创新网络的整体竞争优势⑥。原毅军等（2013）研究了创新网络的稳定性问题，从系统动力学的角度构建研究框架，认为各种外部变量对创新网络稳定具有影响，但是影响较弱的变量有声誉、合作经验、资源和规模禀赋等，而有些变量对网络稳定性影响则较大，例如信任、投机行为、利益分配合理度等方面⑦。林伟连（2013）探讨了创新网络中的制度信任问题，认为企业持续创新能力能够强化创新网络的整体创新，另外，研究了产学研合作中的合作管理与利益分配问题，认为应强化创新网络中的管理机制⑧。肖丁丁、朱桂龙

---

① 张力：《产学研协同创新的战略意义和政策走向》，载《教育研究》2011 年第 7 期。

② 饶燕婷：《产学研协同创新的内涵要求与政策构想》，载《高教探索》2012 年第 4 期。

③ 陈云：《产学研合作相关概念辨析及范式构建》，载《科学学研究》2012 年第 8 期。

④ 徐静、冯锋、张雷勇、杜宇能：《我国产学研合作动力机制研究》，载《中国科技论坛》2012 年第 7 期。

⑤ 王进富、张颖颖、苏世彬、刘江南：《产学研协同创新机制研究》，载《科技进步与对策》2013 年第 8 期。

⑥ 周正、尹玲娜、蔡兵：《我国产学研协同创新动力机制研究》，载《软科学》2013 年第 7 期。

⑦ 原毅军、田宇、孙佳：《产学研技术联盟稳定性的系统动力学建模与仿真》，载《科学学与科学技术管理》2013 年第 4 期。

⑧ 林伟连：《产学研合作共同体的内涵特征与构建路径》，载《高等工程教育研究》2013 年第 4 期。

(2013)研究表明，创新网络效率的影响因素有多方面，其中企业家精神、外部技术依存和政府资助与创新网络效率之间存在正相关关系，同时，政府资助的影响效果时效性较长，出口导向与合作模式与创新网络效率之间存在负相关关系①。

洪银兴(2014)认为创新的环节主要在科学发现或创新的知识孵化为新技术的环节，在研发新技术过程中，企业家和科学家交互作用，体现知识创新和技术创新，大学作为创新中心同企业共建创新平台，政府在其中起着引导和集成作用②。张钦朋(2014)认为创新网络中的政府引导机制包括利益实现机制、政策协调机制、风险控制机制、创新激励机制、绩效评估机制等，所有机制构成一个引导系统、为创新网络发展指明方向并提供持久动力③。夏红云(2014)提出政府政策、技术与资金三方面的支持能够促进创新网络机制④。黄劲松(2015)认为创新网络中有许多问题是市场无法解决的，例如创新网络发展过程中的事前专用性投入和协调成本等问题，从社会交易的角度分析了创新网络中各主体如何通过信任和契约机制，从而实现合作，认为政府应该介入到创新网络主体治理过程⑤。

因此，随着创新网络理论的发展，无论是技术创新理论研究，还是制度创新理论研究，都越来越重视创新，创新网络是产学研合作的高级形式⑥，创新网络是以企业为核心形成的与其他各利益相关主体(政府、高校、科研院所、金融机构、中介机构、其他企业等)在交互式的作用当中建立的相对稳定的、能够激发或促进创新的、正式或非正式的

---

① 肖丁丁、朱桂龙:《产学研合作创新效率及其影响因素的实证研究》，载《科研管理》2013年第1期。

② 洪银兴:《产学研协同创新的经济学分析》，载《经济学家》2014年第1期。

③ 张钦朋:《产学研协同创新政府引导机制研究》，载《科技进步与对策》2014年第3期。

④ 夏红云:《产学研协同创新动力机制研究》，载《科学管理研究》2014年第12期。

⑤ 黄劲松:《产学研合作的混合治理模式研究》，载《科学学研究》2015年第1期。

⑥ 陈劲、殷辉、谢芳:《协同创新情景下产学研合作行为的演化博弈仿真分析》，载《科技进步与对策》2014年第3期。

关系总和[①]，是将各个创新主体要素进行系统优化合作创新的过程[②]，创新网络发展可以促进系统内人、财、物、信息等各种要素的相互补偿、优化配置和高效整合[③]。

二、核心企业的概念

近年来关于创新网络中的核心企业有丰富的研究，党兴华、王幼林、郑登攀（2007）认为核心企业在创新网络中有较强的核心能力，具有较强的知识创造和溢出能力，核心企业在创新网络中协调和控制创新网络发展。而相对核心企业而言，一些规模比较小、缺乏核心竞争力、在网络中处于相对较低层级的企业就是非核心企业[④]；核心企业的影响力可以从企业内部与外部两个方面界定，企业内部包括企业规模、核心技术能力、知识吸收能力、创新投入能力、创新产出能力，企业外部包括决策、生产、经营等因素[⑤]。李玲、党兴华（2009）认为网络结构核心性、网络敏感性和网络脆弱性是识别创新网络中核心企业的三个主因子[⑥]。张永安、王燕妮（2010）认为在创新网络中占据主导地位的企业即为核心企业，该企业拥有主导创新网络的核心竞争力，它能够带动整个创新网络中其他企业的技术发展方向，并在创新网络中管理和协调其他企业，促进创新网络效应的更好发挥[⑦]。项后军（2010）提出企

---

① 张中强：《基于管理维度的制造业与物流业协同创新研究》，载《科技进步与对策》2012 年第 5 期。

② 陈劲等：《协同创新的理论基础与内涵》，载《科学学研究》2012 年第 9 期。

③ 綦良群：《产业技术经济学的基础理论与方法协同发展组织模式研究》，载《科技进步与对策》2012 年第 7 期。

④ 党兴华、王幼林：《技术创新网络中核心企业合作伙伴选择过程研究》，载《科学学与科学技术管理》2007 年第 1 期。

⑤ 党兴华、郑登攀：《技术创新网络中核心企业影响力评价因素研究》，载《科研管理》2007 年第 3 期。

⑥ 李玲、党兴华：《基于权力依赖的技术创新网络核心企业的识别研究》，载《软科学》2009 年第 5 期。

⑦ 张永安、王燕妮：《核心企业创新网络结构、类型解析》，载《科学学与科学技术管理》2010 年第 12 期。

业发展到核心阶段，与核心企业密切互动的配套企业集群因素对于核心企业创新，具有显著的正向影响作用①；项后军、江飞涛认为在同质性的企业之间，尤其是同质核心企业与非核心企业之间，核心企业由于具有主导优势和控制权，可以在一定程度上控制配套企业之间的竞争方式②。

贾卫峰、党兴华（2010）提出企业间技术交流的过程就是企业间知识匹配—知识流动—知识控制的过程，而创新网络中的企业结点也是通过这三种状态，使自身能力得到提升，进而影响到与其他结点的知识，并最终成长为核心企业③。郝斌、任浩（2011）认为创新网络中的核心企业具备了引导、控制和协调网络中其他成员企业的领导者权威和非正式权力④。项后军、潘锡泉（2011）重点研究核心企业的问题，同时指出非核心企业为配套企业，为核心企业提供零部件产品，核心与非核心企业之间存在较大技术差距⑤。许强、应翔君（2012）认为产业属性在核心企业领导下产生创新差异，创新发生在创新活动链前端的产业主要以高新技术产业为主，同时高新技术产业在产品设计、试验和创新方面与其他产业相比具有明显差异性，并且与产业链上的配套企业之间的纵向，以及与高校、科研院所和公共服务机构等之间的横向差异程度较高；而创新发生在创新链活动后端的产业主要是传统产业，该产业主要以工艺创新和零部件的创新为主⑥。本书主要研究的就是高新技术产业中的企业技术创新能力问题。

---

① 项后军：《核心企业视角的产业集群与企业技术创新关系的重新研究》，载《科研管理》2010 年第 7 期。

② 项后军、江飞涛：《核心企业视角的集群竞—合关系重新研究》，载《中国工业经济》2010 年第 6 期。

③ 贾卫峰、党兴华：《技术创新网络中核心企业形成的三状态模型研究》，载《科学学研究》2010 年第 11 期。

④ 郝斌、任浩：《企业间领导力：一种理解联盟企业行为与战略的新视角》，载《中国工业经济》2011 年第 3 期。

⑤ 项后军、潘锡泉：《产业集群、技术差距的双重影响与核心企业成长》，载《研究与发展管理》2011 年第 10 期。

⑥ 许强、应翔君：《核心企业主导下传统产业集群和高技术产业集群协同创新网络比较》，载《软科学》2012 年第 6 期。

杜欣、邵云飞（2013）认为合作创新比单独创新对市场更有利，合作创新可以使零部件和最终产品的价格更低，同时令产品的市场销量和核心企业与非核心企业的整体利润更高①。谢永平、党兴华、孙永磊（2014）研究创新网络权力问题，认为创新网络权利是指网络中节点的连接关系，是创新网络能够持久稳定存在的关键要素，通常创新网络权力的拥有者是网络中的核心企业②。

综上所述，现有文献从不同角度对创新网络中的核心企业进行理论分析与实证研究，首先，可以得出创新网络的发展模式有利于企业发展；其次，鉴于以上研究，本书对核心企业做出如下界定：在创新网络中处于中心位置、企业数量较少、是网络中知识转移和扩散的中心、占据较大市场份额，具有核心能力，能够管理控制、引导协调其他非核心企业，同时与非核心企业相比具有较强技术创新能力的企业称为核心企业。

三、非核心企业的概念

目前研究鲜有触及创新网络中非核心企业的具体定义，现有文献主要研究核心企业竞争力及在创新网络中的发展情况。布哥林和豪德维尔（Bougrain & Haudeville，2002）认为创新网络作为资源集聚、信息共享的一种制度安排，能够为资源相对匮乏的中小企业提供更多的技术机会③。汤姆·林森和菲（Tomlinson & Fai，2013）基于供应链形成的良好的、紧密的、多元化关系有助于增强中小企业的创新能力，与竞争伙伴之间的合作对创新影响不显著④。沃杜里斯等（Voudouris et al.，2012）认为内部

---

① 杜欣、邵云飞：《集群核心企业与配套企业的协同创新博弈分析及收益分配调整》，载《中国管理科学》2013 年第 11 期。

② 谢永平、党兴华、孙永磊：《知识权力集中度、核心企业治理与网络稳定》，载《科学学与科学技术管理》2014 年第 9 期。

③ Bougrain Frederic，Haudeville Bernard. Innovation，collaboration and SMEs internal research capacities [J]. *Research Policy*，2002：735 – 747.

④ Tomlinson Philip R.，Fai Felicia M. The nature of SME cooperation and innovation：A multi-scalar and multi-dimensional analysis [J]. *Int. J. Production Economics*，2013：316 – 326.

技术能力是技术投资效果的重要决定因素，创新网络对内部能力具有补充作用，能够产生效应而非替代它，技术投资战略加强了网络和投资有效性之间的关系①。塞西亚（Cecia，2012）认为创新网络中个人关系和专业关系并存会影响创新扩散的动态变化②。哈费迈斯特等（Haeussler et al.，2012）认为从技术能力的视角看，创新网络中上、下游水平以及开发联盟对产品开发的影响，取决于新企业技术能力的专业化程度③。加德尔和费莱尔（Gardet & Fraiha，2012）提出中小企业对创新网络的依赖度决定其特性项目协调模式的选择④。当然，也有学者持相反的意见，索维尔等（Sawers et al.，2008）认为在大企业和小企业之间的技术合作中，尽管这种合作关系通常能够使大、小企业都获得好处，但非对称性的合作关系有时候也会损害中小企业的利益；这种情况主要由中小企业向大企业无意识的动态战略知识和能力流动造成的⑤。上述研究从不同角度说明，创新网络中非核心企业技术创新能力是整合外部创新资源，确保创新成功的关键。

国内关于非核心企业创新行为的相关研究甚少，多数研究是从企业规模角度，即创新网络中的中小企业视角来展开的。任宗强（2011）认为由于部分非核心企业在规模上可能属于中小企业，外部开放度与内部要素参与度，影响着中小企业内外网络的演化⑥。刘友金（2006）提

---

① Voudouris Irini, Lioukas Spyros, Iatrelli Maria, Caloghirou Yannis. Effectiveness of technology investment: Impact of internal technological capability, networking and investment's strategic importance [J]. *Technovation*. 2012 (7): 400-414.

② Cecia Federica, Iubatti Daniela. Personal relationships and innovation diffusion in SME networks: A content analysis approach [J]. Research Policy. 2012 (4): 565-579.

③ Haeussler Carolin, Patzelt Holger, Zahra Shaker A. Strategic alliances and product development in high technology new firms: The moderating effect of technological capabilities [J]. *Journal of Business Venturing*. 2012: 217-233.

④ Gardet Elodie, Fraiha Shady. Coordination Modes Established by the Hub Firm of an Innovation Network: The Case of an SME Bearer [J]. *Journal of Small Business Management*. 2012: 216-238.

⑤ Sawers Jill L., Pretorius Marthinus W., Leon A. G. Oerlemans. Safeguarding SMEs dynamic capabilities in technology innovative SME-large company partnerships in South Africa [J]. *Technovation*, 2008: 171-182.

⑥ 任宗强、吴海萍、丁晓：《中小企业内外创新网络协同演化与能力提升》，载《科研管理》2011 年第 9 期。

出创新网络中的产业链和创新链的形成及耦合演进，为中小企业创新能力的培育提供了战略思路①。李贞、杨洪涛（2012）认为科技型中小企业与其上下游企业间的外部关系学习能力以及内部知识整合能力越强，越能够将外溢知识内化为自身的技术能力，从而提高中小企业的创新绩效②。付敬、朱桂龙、樊霞（2012）认为企业创新模式与创新能力之间呈现出显著的螺旋式交互影响作用，而企业学习则在这一过程中起到了重要作用③。张秀娥等（2012）认为强化网络嵌入性能够提升中小企业的动态能力，促进中小企业成长④。

通过以上文献梳理可以发现，关于非核心企业的分析，基本延续着中小企业创新的相关研究，更多的是关心这类企业如何从创新网络体系中获益，而较少关注非核心企业技术创新能力。关于创新网络中的非核心企业的相关研究目前还处于初级阶段，没有形成系统的研究体系，这些研究成果给本书的最大启发就是，分别从企业网络控制力、市场份额、企业数量、技术创新能力等角度来界定创新网络中的非核心企业，因此，本书认为非核心企业是指那些在创新网络中控制力很弱、占据较少市场份额、企业数量众多、跟随行业技术发展方向，为创新网络中的核心企业提供代工、配套产品、受控于核心企业的企业，如表 2－1 所示。

表 2－1　　　　创新网络中核心企业与非核心企业的区别

特征	核心企业	非核心企业
企业网络控制力	强	弱
市场份额	占据极大市场份额	占据较少或较大市场份额

① 刘友金：《集群式创新与创新能力集成——一个培育中小企业自主创新能力的战略新视角》，载《中国工业经济》2006 年第 1 期。

② 李贞、杨洪涛：《吸收能力、关系学习及知识整合对企业创新绩效的影响研究——来自科技型中小企业的实证研究》，载《科研管理》2012 年第 1 期。

③ 付敬、朱桂龙、樊霞：《企业合作创新模式与能力的协同演化研究》，载《中国科技论坛》2013 年第 8 期。

④ 张秀娥、姜爱军、张梦琪：《网络嵌入性、动态能力与中小企业成长关系研究》，载《东南学术》2012 年第 6 期。

续表

特征	核心企业	非核心企业
企业数量	少	多
技术创新能力	引领行业技术发展方向	跟随行业技术发展方向

资料来源：笔者整理。

第二节 创新网络的相关文献综述

一、创新网络的利益相关者

（一）企业

目前科学技术发展日新月异，作为创新网络中的非核心企业，若要想在激烈竞争的环境中生存下去，并且能够发展成为核心企业，就需要不断提高其技术创新能力。同时，随着知识经济时代的到来，产品的更新换代速度越来越快，技术进步的周期也越来越短，由于非核心企业自身能力的不足，加上科技研发的周期相对较长及研发成果的不确定性，很难单纯依靠自身力量进行科技创新及改造。李新男（2007）提出建立以企业为主体、以市场为导向、产学研相结合的技术创新网络是我国实施自主创新发展战略的主要行动方向①。樊霞等（2012）通过实证分析表明，在产学研合作过程中，作为主体的企业，其吸收能力影响产学研合作效率；另外，政府对产学研合作的支持力度与企业的研发战略和开放度等因素均影响合作效率②。张丽娜（2013）认为企业是创新网络

① 李新男：《创新“产学研结合”组织模式构建产业技术创新战略联盟》，载《中国软科学》2007年第5期。

② 樊霞、赵丹萍、何悦：《企业产学研合作的创新效率及其影响因素研究》，载《科研管理》2012年第2期。

的中心，研究了企业与企业、企业与大学、大学与科研院所、政府与企业等节点间的关系链，并且节点之间流动着资金、信息、知识等要素①。因此，在这种情况下，使得创新网络中企业能够长期生存下去的一个可行办法是与其创新利益相关者展开全面创新，提升企业的综合实力②。

相对于核心企业，非核心企业因其在网络中的地位及其创新行为模式选择表现不同特点，一些非核心企业将逆向式创新作为其选择模式之一。企业创新的具体实现方式，概括为如下几种类型：第一，在多方面技术和多个产品领域与发达国家都存在较大差距的企业常常采取渐进式的创新模式；第二，当企业发展成为初步具有一定的技术实力及规模的时候，则会采用集群式创新，集群式是介于市场与企业之间的一种中间组织，集群内的企业可以将部分知识、技术共享，从而可以使企业所掌握的技术量迅速扩大；第三，随着企业发展到具有一定的技术实力时，采用探索式创新模式；第四，当企业具有较强的技术创新能力时，采取自我完善的模式③。

（二）政府

在创新网络中，政府作为重要的利益相关者，具有十分重要的作用。在我国，政府掌握庞大的财力资源、物力资源和重要的非经济资源，因此，是强政府国家。但是，由于创新网络在我国仍处于发展完善阶段，因此创新网络中不论是各利益主体的自我管理水平，还是市场发育程度都有待提高。政府作为管理者，其管理水平也有待提高。王子龙、谭清美、许萧迪（2003）认为政府在创新网络中的准确定位，能够促进创新网络中各节点、各环节的利益关系，能够充分发挥各利益主

① 张丽娜：《行业特色高校协同创新模式的研究》，中国矿业大学，2013 年。

② 吴青熹：《变革型领导、社会资本和协同创新组织学习的视角》，南京大学，2011 年。

③ 王伟光：《创新、集群与发展——基于区域的一个视角》，经济管理出版社 2011 年版。

体的积极性与创造性，能够为整个创新网络营造良好的发展环境[①]。姜明辉、牛晓姝（2005）认为在创新网络中，政府是其重要结点之一，政府同时兼具管理与参与的双重职能，创新网络中核心企业与非核心企业的顺利发展、创新网络的建设等方面都需要与之适应的政策软环境[②]。马海涛、方创琳、吴康（2012）提出政府在创新网络中应承担有效的中介作用，例如政府部门可以帮助企业选择创新项目、提供咨询和评价服务、为科技园区提供融资服务、为公共财政科技投入提供便利通道等，以实现政府与科研机构、企业等创新主体之间选择性链接[③]。政府可以通过完善促进产学研合作的制度环境，制定大学技术转移法，规范大学技术转移管理办法，为大学与企业的合作研究创造良好的政策环境，激励大学与企业之间的协同创新合作[④]。

（三）高校和科研机构

“科教兴国”和“人才强国”，为创新驱动发展提供了坚实的支撑，更加确立了高校在创新网络发展中的地位和作用。高校与创新网络中其他利益主体相比具有鲜明的作用，高校作为培养高端人才的重要基地，其既是实施科技创新驱动发展战略的重要方面军，又为这个战略的实施提供强大的人才和技术支撑。朱兆斌（2012）研究了创新网络中各利益主体合作的新模式与新机制，认为可以采用提升高校科技创新能力和推动高校学科建设与发展等方式，同时提出建立高校科研基地、学科、仪器和人才等方面的培养模式，该种模式为高校各级决策层科学利用政

---

① 王子龙、谭清美、许萧迪：《区域创新网络中的政府职能分析》，载《科学管理研究》2003 年第 6 期。

② 姜明辉、牛晓姝：《政府在区域创新网络中的角色定位》，载《学习与探索》2005 年第 4 期。

③ 马海涛、方创琳、吴康：《链接与动力：核心节点助推国家创新网络演进》，载《中国软科学》2012 年第 2 期。

④ 胡冬雪、陈强：《促进我国产学研合作的法律对策研究》，载《中国软科学》2013 年第 2 期。

府、企业的科技资源提供新思路①。薛娇、马海泉（2013）认为推动高校科技创新能力全面提升，可以实现高等教育的全面提高，因此，提出以下建议，围绕高水平大学建设一批具有国际重大影响的学术高地、行业产业共性技术的研发基地、区域创新发展的引领阵地和文化传承创新的主力阵营②。张海滨（2013）认为创新网络的三大特征是行为协调性、职能互补性和效益放大性，因此，可以在高校层面构建高校创新网络的战略机制、管理机制、资源机制与利益机制③。叶静怡等（2014）研究发现，高校科技创新能力提高、科研成果转化以及研发经费投入与转化之间均存在正向相关关系，这种影响受到制度等隐性因素制约；制度等隐性因素对大学技术成果转化有显著正向影响；研发人力投入和转化人力投入对高校技术成果转化没有显著影响④。高校在面向产业进行创新时具有明显的专有资源优势，同时在具体的创新过程中，高校始终是创新技术的来源，在创新网络中具有十分重要的地位。在创新网络中，高校以创新为突破口，通过机制体制改革，打破自主创新的封闭现状。高校作为创新体的核心技术掌握者，在创新网络的发展过程中，能够充分调动各利益主体的积极性，在创新网络发展的不同阶段、不同时期发挥各主体的优势，凝聚各利益主体的合作向心力。高校作为创新型人才培养的基地，其肩负国家的重要使命，为创新型国家建设需求培养大批创新型人才。

然而，目前虽然政府为形成多样化的创新人才培养体系出台了相关政策，但在创新网络中的高校内部却没有形成创新型人才培养的强大动力机制。高校培养创新型人才，表面上看是一个人才培养模式的问题，

---

① 朱兆斌：《推动高校科技创新和学科建设的产学研合作模式探索与研究》，载《研究与发展管理》2012 年第 2 期。

② 薛娇、马海泉：《创新驱动发展实现高校科技发展方式的转变》，载《中国高校科技》2013 年第 1 期。

③ 张海滨：《高校产学研协同创新的影响因素及机制构建》，载《福州大学报》（哲学社会科学版）2013 年第 3 期。

④ 叶静怡、杨洋、韩佳伟、韦璐璐：《投入、隐性因素与大学技术成果转化》，载《经济学家》2014 年第 5 期。

即如何教、如何学的问题，而实际上则是管理体制问题，是高校与政府的关系问题①。王纯旭（2013）认为目前高校培养创新人才的精英化培养方式符合科技进步发展的趋势，同时，在我国常常是在某一方面具有良好的研究基础、具有国际实力，并且代表我国在该研究领域的最高水平②。张峰（2013）研究认为创新网络发展过程是一种知识传递，也是一种知识融合，他认为创新网络作为知识载体能够传递和融合新知识，创新网络稳定、健康运行的前提则是新知识创造的过程，该过程有利于形成创新网络中的知识优势，将会让创新网络中的主体具备较强的知识垄断能力，从而能够抵抗市场动态过程中的终止、政策环境改变等带来的冲击，建立一个知识共享与知识创造相得益彰的稳定创新模式③。

（四）创新中介

在创新网络中，存在大量的创新中介机构，这些机构与其他各利益主体不同，在创新网络中主要起辅助作用。国内外学者关于创新中介的研究主要有：豪沃尔斯（Howells，2006）在总结前人研究成果的基础上，将创新中介定义为“在两个或两个以上主体的创新过程中发挥代理人或经纪人作用的组织或实体”④。当前，随着创新网络的不断进化发展，创新中介还发挥促进企业内部研究、提供市场和销售支持、推进融资、促进技术商业化、为创新网络中企业提供如何确认和满足市场需要建议等功能。此外，创新中介还具备支持服务功能，创新中介可以通过对技术可能的走势进行预测和分析，以及通过技术情报和筛选机制监测

---

① 刘理、韦成龙：《高校创新人才培养中的动力机制问题思考》，载《中国高教研究》2011年第10期。

② 王纯旭：《基于协同创新平台的我国高校创新人才培养研究》，哈尔滨工程大学，2013年。

③ 张峰：《产学研协同创新中知识粘滞的成因与管控研究》，武汉理工大学，2013年。

④ Howells J. Intermediation and the role of intermediaries in innovation [J]. *Research Policy*, 2006: 715 – 728.

企业市场信息[①]。创新网络中的创新中介在具体组织类型上，包括行业企业孵化器、研究联合会或网络、协会、商会、科技园区、研究机构和技术转移中心等组织。

对于创新中介的功能，不同的学者从不同维度对其进行了分析。洛佩兹（Lopez – Vega）和瓦努尔（Vanhaver-beke）在豪沃尔斯研究的基础上，确认了创新中介的两项功能，需求的表达与在科学界、政策层和产业界之间扮演中间人角色[②]。李文元等（2012）将创新中介的功能分为建立联系、提供联盟和支持服务以及提供技术服务三类：第一，创新中介有助于填补企业与创新社团之间的缺口，提供有关消费者的需求和建议；第二，创新中介在特定技术创新系统的科学、政策和产业界之间扮演中间人角色和转换枢纽，此角色有利于加速创新系统中社会—物理联系的沟通和协调；第三，建立联系功能包含了把关和经纪，在科学、政策和产业界之间扮演中间人角色，需求表达等创新功能[③]。

二、创新网络的类型

（一）政府主导型

在政府主导型的创新网络中，对新进入者常常实施有效进入阻绝策略，因为政府管制带来不确定性，新进入者缺乏大规模投资新产品研发和市场化的动力，市场主导的创新网络难以建立，新兴产业的新产品研发和市场化往往陷入停滞[④]。同时，在创新网络发展的初级过程中，进行技术创新的研发经费主要由政府提供，此时，政府在产业孕育阶段的

①③ 李文元、向雅丽、顾桂芳：《创新中介在开放式创新过程中的功能研究》，载《科学学与科学技术管理》2012 年第 4 期。

② Lopez – Vega H，Wim V. Connecting open and closed innovation markets：A typology of intermediaries ［DB/OL］. http：//mpra. ub. uni – muenchen. de/27017/MPRA Paper No. 27017.

④ 刘刚：《政府主导的协同创新陷阱及其演化》，载《南开学报》（哲学社会科学版）2013 年第 2 期。

创新联盟中起主导作用。因此，主要表现为政府主导型。同时，在此阶段，为了避免逆向选择和道德风险，政府往往选择发展战略性新兴产业研发，启动拥有生产基础条件的核心企业、非核心企业、科研水平高的公共研究机构加入创新网络。申俊喜（2013）构建了基于战略性新兴产业发展的创新网络，认为努力形成各具特色的区域创新网络，应该强化政府的政策引导与市场培育①。佐尔坦等（Zoltán J. Ács et al. , 2014）引入了一种新的创业型创新网络概念，认为创新网络根本上是在个人层面上对机遇的追求驱动下，通过建立新的商业项目，并对其活动与收入进行特定的体制特征的管理而运行的创新资源分配体系②。

（二）市场主导型

随着市场经济的快速发展、新兴产业从孕育期向市场导入期过渡，创新网络的类型也逐渐由政府主导型转为市场主导型。市场主导的创新主体是适应市场需求的核心与非核心企业，尤其是新进入的非核心企业。但是在当政府主导的创新网络内生技术路径与市场选择的技术路径相冲突的条件下，现有核心企业将凭借在原有创新联盟中的优势地位与政府部门合作，通过行业标准和生产许可制度的制定，实施阻止新进入者的进入和新创新网络的建立。甘巴里尼和范尼科（Alfonso Gambardella & Claudio Panico，2014）认为在一个开放式的创新网络中，拥有关键资产的一方享有议价能力，从而降低了合作另一方投资的积极性。研究发现，在许多情况下，强势的一方能通过保留在研究中的决定权从合作中获取更大的价值，即使其只产生较少的创新价值和更少的总利润③。科洛梅和拉比斯（Massimo G. Colombo & Larissa Rabbiosi，2014）探讨

---

① 申俊喜：《创新产学研合作视角下我国战略性新兴产业发展对策研究》，载《科学学与科学技术管理》2013 年第 2 期。

② Zoltán J. Ács，Erkko Autio，László Szerb. National Systems of Entrepreneurship：Measurement issues and policy implications ［J］. *Research Policy*，2014.

③ Alfonso Gambardella，Claudio Panico. On the management of open innovation ［J］. *Research Policy*，2014.

了中小型软件企业行业内的多元化问题，认为在开放式创新研发的精神上，专注中小型企业，以获得进入外部资源的机制①。在市场主导模式中，核心企业常常拥有资金优势，作为创新投入主体，核心企业的创新投入力度始终占据创新网络中的主体地位，核心企业负责项目的筹资、投资活动并承担相应的风险，能够为技术创新提供资金支持和保障，促进技术研发的成功。而且非核心企业对利润最大化的追求，决定了非核心企业在高新技术的获取上和产学研合作方面具有非常大的投资动机，能够为产业技术创新提供资金支持，这必然推动企业寻求符合其自身发展的创新网络建设②。

（三）学研驱动型

创新网络发展过程中的一种重要发展类型是学研驱动型。创新网络的初级形式是产学研合作，是由政府主管部门推动，以市场需求为主导方向，依托高校及科研院所的技术创新能力，构建由供需双方互利共赢、风险共担的合作模式。学研驱动型主要运行方式通过企业、高校、科研院所的资源共享与整合，使之成为该产业或行业内集研发、生产、管理为一体的合作机构。

三、创新网络的结构

（一）扁平式创新

扁平式创新网络结构是一个利益主体与另外一个或多个利益主体进行单对单的创新合作，在合作过程中不涉及其他利益主体，一方利益主体直接和另一方就合作项目进行合作，构建创新合作联盟。扁平式创新

① Massimo G. , Colombo, Larissa Rabbiosi. Technological similarity, post-acquisition R&D re-organization, and innovation performance in horizontal acquisitions [J]. *Research Policy*, 2014.

② 张文强：《我国产业技术创新与产学研结合模式研究》，武汉理工大学，2013 年。

结构的建立主要是因为涉及的参与主体数量少且明确，两者之间利益关系简单，信息沟通快速，信息失真概率小，合作项目困难度较小，同时，在短时间内比较容易完成。扁平式创新结构可以是一个企业对一所高校或科研机构，也可以是一所高校或科研机构对众多企业。因此，大多数情况下适用于非核心企业在明确技术需求的情况下，通过一定途径找到合适的高校或科研机构，与之进行较小规模的合作或者直接购买现成的技术成果和技术服务。不过核心企业也可以与在专业领域科研实力很强的高校或科研院所采用此类模式进行合作。

（二）纵向式创新

纵向式创新是创新网络结构中的高等级的合作方式，纵向式创新不仅囊括了众多利益主体，而且各利益主体之间信息沟通紧密，常常各利益主体合作属于同一技术领域，为了共同的目标而集合各方优势创新资源，在利益分配方面，创新网络内的利益主体相应得到效益最大化。在纵向式创新中，高校或科研机构与企业建立的是全面的合作关系，由点到面，由小到大，逐渐推进，共同建立全方位、多角度、深层次的创新合作结构。通常情况下，纵向式创新合作方式与多个利益主体组成技术联盟的方式有些类似，这种创新结构与扁平式相比较，其合作规模较大、实力较强，况且对创新网络中各利益主体的加入选择要求比较高，没有一定的实力很难加入此结构当中；利益主体大多突破地域限制，根据产业优势及自身特点双向选择合作过程中所承担的任务①。

四、创新网络的功能

（一）知识共享

在创新网络发展过程中，知识共享是其最显著的一项功能。创新

① 芦风军：《产学研合作联盟模式研究》，大连理工大学，2011 年。

网络中会产生创新知识。同时，知识创新过程中会出现知识共享，知识共享是以需求拉动或供给推动的行为，具有6个显著特征：①知识创新导向；②知识隐性；③知识共享常规化；④知识边界跨越性；⑤异质资源互补性；⑥知识效应重视性。同时，在创新知识层面，知识的隐含性、嵌入性、分散性、复杂性对知识共享的影响程度均有所差异[①]。吴悦、顾新（2012）认为，创新网络发展过程中知识共享能够使其核心能力提升，而基于知识在协作过程中的重要作用和增值效应，以知识共享与创新为核心的过程是创新网络成功运行的关键因素[②]。魏奇峰、顾新（2013）将创新网络过程界定为各利益主体之间的知识流动过程，并将该过程分为知识共享、知识创造与知识优势形成3个阶段[③]。

（二）知识创新

知识创新概念最早是由美国学者艾米顿于1993年提出的，他认为知识创新是一种新知识、新思想的传播、应用和商业化过程。国内学者研究知识创新最早起源于1998年，学者何传启提出知识创新是通过科学研究获得新知识的过程，包括两个方面，即科学知识创新和技术知识创新。“知识创新是为了经济和社会利益发现或创造新知识的过程，知识创新出现在知识的生产、传播和应用的全过程中”。知识创新的最终目的是追求新规律、创立新学说、探索新发现、构建新方法、形成新知识体系。而后，学者们对知识创新中的知识集成和管理作用进行研究，提出知识创新的过程体现了科学研究、技术进步与应用创新的互动关系。创新网络中的知识创新是科学研究、技术进步与应用创新演进下的

---

① 李朝明、刘静卜：《企业协同知识创新中的知识共享研究》，载《中国科技论坛》2012年第6期。

② 吴悦、顾新：《产学研协同创新的知识协同过程研究》，载《中国科技论坛》2012年第10期。

③ 魏奇峰、顾新：《基于知识流动的产学研协同创新过程研究》，载《科技进步与对策》2013年第8期。

一种科学产物[①]。闫杰等（2012）研究显示，与创新有关的知识产权冲突和协调问题、知识扩散和组织间学习等理论，对创新网络管理和整体科技创新能力的提升提出了更高的要求[②]。迪波利托等（Beatrice D'Ippolito et al.，2014）分析了创造知识经济实用性的途径和知识系统化、知识重构等问题，认为知识重构涉及现有的企业和行业组织内新实践的形成与转换，知识系统化是出于狭隘目的而被无限构想的更为广泛的职权范围所产生的扩张效应原则的抽象和扩散[③]。李延朋（2014）提出创新网络是核心企业和非核心企业围绕新知识再生产形成的自我强化、相互促进的稳定组织，是中国改善经济增长绩效的有效路径[④]。

（三）知识传播

创新网络中新知识在企业间具有流动的特征，在知识流动的各个环节中出现知识传播，知识传播的主体主要是创新网络中的利益主体——高校。高校在承担新知识研发与产生的同时，还需要肩负起新知识传播的重任。高校是一个由不同个体组成的正式组织，高校进行知识传播具备科学合理的传播机制，同时，高校在知识传播过程中会涉及与个人和组织双层面的知识传播问题。国内学者孙卫、王彩华、刘民婷（2012）提出知识传播过程中新知识的输出能力和组织学习能力与创新网络中各利益主体之间的互动性和自主性之间具有正向相关关系，同时，组织学习能力、成员互动性、自组织性与知识转移绩效之间具有正向相关关系，而知识输出能力与知识转移绩效之间相关关系不显著[⑤]。涂振洲、

---

① 项杨雪：《基于知识三角的高校协同创新过程机理研究》，浙江大学，2013 年。

② 闫杰、缪小明、张丰、闫斌：《我国产学研合作创新研究前沿演进趋势知识图谱》，载《科技进步与对策》2012 年第 11 期。

③ Beatrice D'Ippolito，Marcela Miozzo，Davide Consoli. Knowledge systematisation，reconfiguration and the organisation of firms and industry：The case of design［J］. *Research Policy*，2014.

④ 李延朋：《垂直专业化、企业签约与知识型技术创新体系构建》，载《中国工业经济》2014 年第 9 期。

⑤ 孙卫、王彩华、刘民婷：《产学研联盟中知识转移绩效的影响因素研究》，载《科学学与科学技术管理》2012 年第 8 期。

顾新（2013）认为目前我国推动重大知识与技术创新的前沿创新模式是创新网络，创新网络发展的过程可以视为企业和大学（或科研机构）两类异质性知识组织之间进行新知识传播的过程[①]。曹霞、宋琪（2014）认为创新网络的耦合与知识进化之间存在正向相关关系；知识隐匿作为创新网络耦合与知识进化的中介变量；控制方式正向调节创新网络的耦合与知识隐匿的关系[②]。

（四）知识转移

知识转移作为创新网络中一项重要功能，是发生在网络中的企业与高校在研发项目合作的过程中，换言之，是发生在新知识从知识源向知识受体转移并被吸收利用的过程。知识转移不仅包括新知识从高校或科研院所流向创新网络中的企业，同时，也包括新知识从创新网络中的企业流向高校或科研院所。知识转移是创新网络发展过程中必然会产生的功能。知识能否通畅、迅速地在大学和企业之间流动是影响创新网络能否顺利发展的成败因素[③]。李久平（2013）研究认为创新网络的本质在于创新各利益主体之间的知识整合，知识流动的效率和知识整合的绩效直接决定了创新网络的成败[④]。澳姆斯特德（Julia Olmos - Peñuela et al.，2014）通过小组参与研究知识转移的程度和正式知识转移活动，深入地了解创新网络发展过程中潜在的知识转移的过程[⑤]。格尔佐尼等（Marco Guerzoni et al.，2014）认为来自大学的科学突破可促

---

① 涂振洲、顾新：《基于知识流动的产学研协同创新过程研究》，载《科学学研究》2013 年第 9 期。

② 曹霞、宋琪：《产学研创新系统耦合对产学研主体知识进化影响机理研究》，载《科学学与科学技术管理》2014 年第 12 期。

③ 杨洪涛、吴想：《产学协同创新知识转移影响因素实证研究》，载《科技进步与对策》2012 年第 7 期。

④ 李久平、姜大鹏、王涛：《产学研协同创新中的知识整合》，载《软科学》2013 年第 5 期。

⑤ Julia Olmos - Peñuela，Elena Castro - Martínez，Pablo D'Este. Knowledge transfer activities in social sciences and humanities：Explaining the interactions of research groups with non-academic agents［J］. *Research Policy*，2014.

进新产业的出现，比如生物技术的实例，认为在知识转移过程中，什么条件下驱动专利独创性知识，依旧需要在大学中解决该问题①。

五、创新网络的影响因素

（一）创新主体的合作历史

创新网络发展的历史最早可以追溯到20世纪50年代，是以美国斯坦福大学为代表的“特曼式”发展模式。随着近几个世纪的发展，创新网络的利益主体高校与企业的发展模式也随着经济不断的革新与发展，逐渐推出新的理念与风格。到了20世纪初，高速发展的工业化、经济的全球化使得作为世界第一大经济体的美国，开始对创新发展有了初步的构思与想法②。硅谷的发展模式也迅速被世界其他国家所效仿，成为创新网络发展的典型。

我国创新网络中政府、高校、企业与中介机构的合作历史从产学研合作开始。产学研合作的历史大致分成三个阶段。第一阶段：从1978年到1985年为起步期。改革开放使得大批科技人才能够进入正常的科研工作轨道。高校科技工作也得到了迅速发展。培养了一批优秀的科研人才，研发了一批科研成果，但是还不能有效地投入市场，进行商业转化。第二阶段：从1985年到1992年为初步发展期。为推动科技的进步与发展，我国于1985年出台了教育科技体制改革方案。该方案主要提出高校的作用不仅仅是培养专业高端人才，还需将培养出的科技人才投入到我国经济建设中。方案出台后，各高校均纷纷响应，各高校在进行科技研发的同时，还积极将研发的科技成果转化成为发明专利，使其商

---

① Marco Guerzoni, T., Taylor Aldridge, David B., Audretsch, Sameeksha Desai. A new industry creation and originality: Insight from the funding sources of university patents [J]. *Research Policy*, 2014.

② 刘力：《产学研合作的历史考察及本质探讨》，载《浙江大学学报》（人文社会科学版）2002年第9期。

业化，产生经济效益。与此同时，各高校加大科技创新投入的人力和物力，使高校科技供应资源源源不断增长，随之，我国也建立起一批科技型大中企业。其中，具有代表性的企业有北大方正、清华紫光、清华同方等企业[①]。第三阶段：自 1992 年至今，为创新网络快速发展期。国家经贸委、国家教委和中科院于 1992 年出台并组织实施了《产学研联合开发工程》。在该项工程实施的 24 年的时间里，我国已经从产学研初步合作层面发展为创新网络合作的层面，未来将继续发展到协同创新网络层面。创新网络以其特有的功能，为解决社会主义市场经济中迫切需要解决的现实问题打开了局面，创立了范例，取得了令人瞩目的成绩。

（二）创新主体的资源

在创新网络中存在企业、高校、科研机构、政府、中介机构等创新主体，其中高校作为人才培养基地，肩负着为建设创新型国家培养创新型人才的重要使命。创新网络中的利益主体之一——政府，为形成多样化的创新人才培养，相继出台了促进高校人才培养的相关政策，但是，政策的出台却没有使高校内部形成培养创新型人才的强大动力机制。原因在于，高校培养创新型人才，表面上看是一个人才培养模式的问题，而实际上则是管理体制问题，是高校与政府的协调关系问题[②]。王纯旭（2013）认为我国在建设创新平台方面具有良好的基础，创新平台建设能够培养出精英化的创新人才，符合科技发展趋势，创新人才的集聚能够将我国科技能力提升到国际水平，同时科技创新能力也代表着我国在该领域的研究水平[③]。张峰（2013）研究认为，创新网络的发展过程是在知识融合的过程中产生新知识，同时也是知识传递的载体，创新网络

---

① 刘力：《产学研合作的历史考察及比较研究》，浙江大学，2001 年。

② 刘理、韦成龙：《高校创新人才培养中的动力机制问题思考》，载《中国高教研究》2011 年第 10 期。

③ 王纯旭：《基于协同创新平台的我国高校创新人才培养研究》，哈尔滨工程大学，2013 年。

的稳定健康运行是知识创造的过程，创新网络的健康发展也有利于新知识的形成，会让网络中的各利益主体具有较强的知识垄断能力，最终能够建立起知识共享与知识创造相得益彰的创新模式①。

创新网络与传统意义上的产学研合作相比，是一项更为复杂的组织方式，创新网络发展的关键是形成以大学、企业、研究机构为核心要素，以政府、金融机构、中介组织、创新平台、非营利性组织等为辅助要素的多元主体互动的创新模式，创新网络的发展是通过知识创造主体和技术创新主体间的深入合作和资源整合，演化出扁平化和自治型的“联合创新网络”。万幼清、邓明然（2007）认为通过创新网络这种发展模式，网络中的主体之一——企业能够提高技术学习能力，有助于帮助企业的持续创新，同时还能够促进各利益主体核心能力的形成和发展②。胡军燕等（2011）研究结果发现：（1）企业和政府的创新要素合作投入与创新绩效之间具有正向影响关系；（2）利益分配比例与创新合作专利申请量之间的影响不显著；（3）产业化程度与创新合作直接经济效益之间具有正向影响关系，但对合作专利申请量的正向影响不显著③。李伟、董玉鹏（2014）提出创新网络是发生在政府、高校、科研院所、金融机构和企业之间优势互补、利益共享基础上的，创新网络中的合作机制是各利益主体共同承担风险和利益共享④。对于创新网络中创新主体资源的研究，主要集中在两个方面：创新资源禀赋和知识创造优势，如表 2 - 2 所示。

---

① 张峰：《产学研协同创新中知识粘滞的成因与管控研究》，武汉理工大学，2013 年。

② 万幼清、邓明然：《基于知识视角的产业集群协同创新绩效分析》，载《科学学与科学技术管理》2007 年第 4 期。

③ 胡军燕、朱桂龙、马莹莹：《开放式创新下产学研合作影响因素的系统动力学分析》，载《科学学与科学技术管理》2011 年第 8 期。

④ 李伟、董玉鹏：《协同创新过程中知识产权归属原则》，载《科学学研究》2014 年第 7 期。

表 2-2 创新主体资源

作者	研究内容	研究方向
刘理、韦成龙（2011）	高校是培养创新型人才的重要基地	创新资源禀赋
王纯旭（2013）	创新人才培养的精英化、创新平台建设符合科技前沿发展的趋势	
张峰（2013）	创新网络过程不仅仅是知识载体的一种知识传递，也包括知识融合过程中所形成的新知识	知识创造优势
万幼清、邓明然（2007）	通过创新可以提高企业的技术能力和学习能力，扩展各方的知识基础	
李伟、董玉鹏（2014）	创新是政府、高校、科研院所、金融机构和企业之间优势互补、利益共享基础上的效益产生的过程	

注：笔者归纳整理。

（三）创新主体的空间距离

第一，地理距离。地理距离主要是指创新网络中的各利益主体之间在地域距离方面的远近。在创新网络发展过程中，各利益主体不仅需要考虑空间距离，还需要考虑运输成本或传播时间等因素。因此，在创新网络活动的过程中，地理邻近的企业和高校或科研院所相比地理距离较远的主体能够更加快速、低成本地进行创新技术或知识的沟通交流，地理邻近也可以降低在创新合作中所产生的交通费用或其他交易费用；地理邻近还能促使创新网络中各利益主体之间能够有条件进行面对面的交流，从而带动“黏性”知识在不同利益主体间的共享，能够快速达到各利益主体之间知识传播与学习的目的，并最终促使创新网络中利益主体之间的协同合作。另外，由于创新网络中知识供给和需求方在空间分布上存在不均衡的特点，而地理距离就成为影响创新合作效率的重要因素。在创新合作伙伴选择过程中，作为以利益最大化为经营目标的企业，会更容易选择地理距离较近的高校或科研机构，而舍弃那些拥有更合适技术资源，但是距离相对较远的潜在合作伙伴。尽管网络和信息技术为企业网罗全球创新资源提供了便利，但是这种便利依然不能完全超越近距离合作带来的创新效率①。地理距离对创新网络的影响可以体现为四个方面：（1）交通和合作交易成本的降低。（2）创新网络中各利益主体若能够经常进行面对面的交流，将有助于合作各方建立起对创新项目的共同期望，并且能够增进彼此之间的信任，也会避免因为沟通不畅而引起的不必要冲突。（3）能够为创新网络中各利益主体之间提供频繁的交流和互动学习机会。（4）企业吸纳高校学生就业，为企业进入大学知识网络提供便捷路径；有益于产学研合作主体间组织邻近、认知邻近等其他形式的邻近培育，可以进一步增进创新合作中的理解和信任，从而促进创新活动的有效进行②。

第二，知识距离。在创新网络中，由于各利益主体所拥有的知识背景各不相同，所以在创新的过程中，会产生知识距离。知识在创新网络中主要经历转移、吸收、消化、共享、利用和再创造的过程，本质上是企业、高校和科研机构所各自拥有的隐性知识与显性知识之间互相提升和转换的过程。知识在创新网络中有助于跨越各利益主体进行转移。

第三，文化距离。在创新网络发展过程中各利益主体之间文化或意识形态、价值取向上若存在差异，则会产生文化摩擦，同时使得利益主体之间的员工在创新合作过程中发生冲突，如果冲突无法顺利解决，则某些利益主体会选择退出创新网络，使得创新合作失败。因此，文化距离是网络发展过程中的重要影响因素③。由于创新网络中的政府、企业、高校及研发机构在合作过程中的发展目的各不相同，同时，各主体方在发展过程中所累积的社会文化、企业文化、高校文化等存在差异，各利益主体创新过程中的定位、资源和能力也存在着差异，因此，形成了不同甚至是潜在对立的组织文化和行为准则。有学者研究在一段时间

---

① 王海花、谢富纪、周嵩安：《创新生态系统视角下我国实施创新驱动发展战略的“四维”协同框架》，载《科技进步与对策》2014 年第 9 期。

② 李琳、郑刚、杨军：《我国产学研合作创新中的地理邻近效应》，载《工业技术经济》2012 年第 9 期。

③ 季佳玉：《产学研合作的模式与机制研究》，大连理工大学，2008 年。

内国家层面文化对创新动机的直接和间接影响。证明虽然在文化方面的影响下一些改变已经发生，但大部分文化因素仍然在国家层面对创新的趋势表现出强烈而持久的影响（Kalanit Efrat，2014）①。因此，由不同创新利益主体所组成的创新网络就会呈现出一种不利于合作创新的文化氛围。这种不利于创新合作的氛围如果形成，会使得创新网络很难顺利发展。

（四）创新市场竞争情况

在创新网络中，创新市场竞争较为激烈，市场需求表现出高技术性和效益性的特征。王培林（2010）研究认为，创新网络中的企业可以通过组织学习水平的提高和经营管理体制改善，同时依托科技创新平台，学习新知识与新概念，并将其应用到实践当中，最后将新知识和新概念吸收为自身技术，同时在消化吸收的过程中，企业还将发现新知识的需求及机会，从而推动新一轮企业知识创新过程，企业知识规模也随之不断演进②。李旭（2013）提出创新网络中创新市场是一种交易市场，在市场中会产生新技术与新思想，创新市场与其他市场的共同特征是具有供给方也有需求方，即创新成果的供求双方。另外，在创新市场上主要产品既有异质性特征，主要原因是由于新技术等原创性信息具有独创性的特点，因此，创新市场上的交易对象常常是异质的，这些异质信息之间存在竞争，提供不同新技术或新思想的供给主体之间在市场中存在激烈的竞争关系③。

（五）创新环境

创新环境间接影响创新网络中各利益主体的创新发展，创新环境主要表现为以下三个方面：

---

① Kalanit Efrat. The direct and indirect impact of culture on innovation [J]. *Technovation*, 2014.

② 王培林：《对华为知识创新过程的理性分析》，载《科技进步与对策》2010 年第 9 期。

③ 李旭：《基于创新市场理论的欧盟与美国 R&D 差异分析》，载《经济论坛》2013 年第 9 期。

第一，制度环境。影响创新网络发展的重要因素之一就是制度环境。良好的制度环境是由创新网络中各利益主体共同创造的。良好的制度环境可以激励各利益主体之间的创新合作。创新网络内各利益主体由于类型的不同，因此，创新网络内部所确立的对技术创新的激励制度会成为推动创新的催化剂①。制度环境包括各种制度安排，如专利制度、奖励制度、研发制度、税收补贴制度、风险投资制度等，这些安排能够直接促进技术进步。另外其他制度安排，如市场制度、企业制度和教育制度等，虽然不能直接促进创新形成，但是对于创新发展仍然起到间接促进作用，此外还有很多涉及政治、文化等方面的正式与非正式制度，都可能对创新起到直接或间接的促进作用。有效的制度环境可以将创新资源在各利益主体之间进行有效的沟通，从而实现各利益方的共享收益②。

第二，创新人才。2011 年，各地人才工作进入贯彻落实规划纲要的重要开启之年，各个省份甚至有不少城市相继出台了自己的中长期人才规划，地方人才引进及其政策支持力度进一步加大。特别是创新创业人才在各地得到了空前重视，很多地方依托国家高新技术开发区、留学生创业园区、人才创新创业基地等载体或平台，大胆创新体制机制，实施特殊人才政策，打造人才特区。北京中关村、天津滨海新区、武汉东湖高新区、长春高新区等纷纷推出“人才特区”建设战略和建设方案。

第三，创新服务网络。在创新网络发展过程中难免会遇到一些体制性、法律性的阻碍问题。对于创新网络中的各利益主体来说，常常很难通过自身力量进行妥善的处理，因此须寻求第三方帮助，此时，政府会介入创新网络中，提供政策导向或帮助，合理解决相关问题。政府给企业不仅提供重要的信息和资源，同时政府可以通过制定相关的制度法规等措施，影响企业的创新绩效③。

---

① 贺灵:《区域协同创新能力测评及增进机制研究》，华中科技大学，2013 年。

② 周志太:《基于经济学视角的协同创新网络研究》，吉林大学，2013 年。

③ 任荣、徐向艺:《政府、产业环境、顾客与企业合作创新》，载《山东大学学报》（哲学社会版）2010 年第 6 期。

六、创新网络的基本模式

（一）创新共同体

创新共同体包括共建科研基地、技术共同体、联合攻关、委托研究四种形式。

第一，共建科研基地。共建科研基地的模式主要由科研机构、大学、企业共同投资建设联合研发机构、实验室或者技术中心等研发基地，同时分别投入一定比例的人力与物力。共建的科研基地能够有效地发挥高校、科研院所的研发优势，同时又能够帮助企业克服技术转让带来的成本消耗等弊端，使企业能够快速的提高技术创新能力，又有利于高校与科研机构的研发人员技术水平提高，从而达到创新合作各方技术创新能力的提升。

第二，技术共同体。技术共同体是一种非市场的各利益主体协调关系组织。在技术共同体内企业、政府、高校、科研机构等组织能够合理分工，形成互动关系，为创新网络的各参与方提供协商和监控机会，能够有效地提高技术共同体内各利益方的技术创新效率，最大限度地推动创新进展。

第三，联合攻关。联合攻关主要是各利益方为了某一个科研项目而建立的组织。常常是针对某一关键技术而进行的经济行为。因此，联合攻关常常以课题或研发项目为载体，由创新网络中各利益主体分别提供人员进行技术研发，组成临时研发团队。在实践过程中，联合攻关模式既可能是市场自发行为，也可能是政府引领的合作攻关行为。王文岩、孙福全、申强（2008）认为联合攻关作为创新网络发展中的一种重要模式，能够有效调动各方力量，对关键技术或项目进行研究开发，使企业和高校均能受益，这种模式具有明确市场导向[①]。

---

① 王文岩、孙福全、申强：《产学研合作模式的分类、特征及选择》，载《中国科技论坛》2008 年第 5 期。

第四，委托研究。委托研究模式也是一种经济法律行为，主要是某企业将所需的研发任务或目标委托给高校或科研机构，高校或科研机构对企业所需的新产品、新技术、新工艺或新材料等进行研究开发。在创新合作中，企业作为委托方，主要承担资金风险，受托方运用提供的资金对所需技术进行深入开发研究。卢仁山（2011）认为委托开发、合作开发、技术许可等紧密型的产学研合作方式成为学研方与企业进行合作的主体模式①。

（二）创新集群

近年来我国学者对创新集群进行了大量的研究。钟书华（2008）提出创新集群的概念，认为创新集群是由企业、大学、风险投资机构、科研机构、中介服务组织等构成的组织，创新集群具有集聚经济和知识的能力，是一种技术经济网络②。在创新集群中，承担知识创新、传递和应用的企业、大学、科研机构等，都属于集群内的学习型组织。企业作为创新集群内的主要参与者，同时也是创新成本的最大支付者和创新收益的最大获得者。余泽民（2007）认为创新集群主要可以分为三种形式，即自主型、联盟型和网络型③。龙开元（2009）总结创新集群的几个基本特征：第一，创新集群以创新活动为中心、强调创新主体的相互作用与学习，强调集群内知识的流动；第二，创新集群中企业之间不仅仅存在竞争，更多的是合作关系，这也使得企业之间积累了较高的信任度、具有广泛的生产关联度；第三，创新集群中企业具有持续的创新行为和较强的创新能力④。陈斌等（2014）研究了创新集群的演化问题，同时对创新集群内知识溢出和网络关系以及竞争力、创新能力等问题进行了评价，他们认为创新集群发展的动力是创新，创新集群的发展过程是一种集体创业式过程，同时，在此过程中，不同集群特征的企业

---

① 卢仁山：《不同产学研合作模式的利益分配研究》，载《科技进步与对策》2011年第9期。

② 钟书华：《创新集群：概念、特征及理论意义》，载《科学学研究》2008年第2期。

③ 余泽民：《创新集群模式分类研究》，华中科技大学，2007年。

④ 龙开元：《创新集群：产业集群的发展方向》，载《中国科技论坛》2009年第12期。

所进行的创业活动和模式存在较大差异，不同创新集群之间也存在地域性的特征①。

（三）技术转让

技术转让简单地说，就是拥有技术的一方通过某种方式把技术转让给另一方的过程。目前国内外对技术转让的定义和内涵还没有形成统一的意见，存在诸多观点。对于技术转让的定义大多数人认同《国际技术转让行动守则（草案）》中所定义的概念。认为技术转让主要包括三类转让类型，即有工业产权技术、无工业产权技术、软件。其中，软件技术转让常常发生在发达国家之间，而发达国家与发展中国家之间的技术转让大多是软件和硬件技术的同时转让②。夏维力、曾文水、白桦（2006）分析了技术转让的影响因素，认为技术转让机构的组织结构模式和技术成果许可方式与技术转让效果之间具有正向影响关系③。倪绍华（2011）认为技术转让过程中由于性质和程度的不同可分为四种类型：专利权转让、专利申请权转让、专利实施许可、非专利技术转让④。创新网络中技术转让这种模式极大地促进了我国创新网络中企业的技术创新能力提升。

（四）产学研合作

我国学者近年来对产学研合作的研究较为丰富，谢园园、梅姝娥、仲伟俊（2011）认为产学研合作是以企业、高校和科研机构为核心，同时在政府和中介机构的大力支持下，以各利益主体之间优势互补和利益共享为原则，按照一定的科学机制和规则进行创新合作，从而形成创新联盟乃至独立实体的过程，在创新合作开展过程中，能够产生新知

---

① 陈斌等：《创新、创业与创新集群发展研究综述》，载《科技进步与对策》2014 年第 5 期。

② 刘方圆：《CDM、技术转让与知识产权保护》，载《中国社会科学院》2010 年第 4 期。

③ 夏维力、曾文水、白桦：《大学技术转让与风险投资的关系模型研究》，载《科技进步与对策》2006 年第 12 期。

④ 倪绍华：《CDM 机制下技术转让问题的研究》，天津财经大学，2011 年。

识、研发应用新技术、培养创新人才、共享新型设备、获取新信息，能够推动科技进步和加快经济社会发展①。季佳玉（2008）提出产学研合作应遵循三大原则：社会效益优先原则、平等与互利原则和风险共担原则②。卢仁山（2011）认为产学研合作模式主要分为松散型和紧密型③。高宏伟（2011）认为影响产学研合作的因素有双方目标、资源与能力禀赋、信息充分性，在产学研合作过程中，企业、高校和科研院所拥有的资源和能力的差异决定了双方之间信息的不对称和风险，产学研合作本身就是一个充满高度不确定性的过程④。李梅芳、刘国新、刘璐（2012）的研究结果表明，在产学研合作模式中合作研发是合作的主流模式，人才交流咨询、合作申报课题、共建实验室与研究平台、委托研发模式用得较多，而成果转化与创建新企业模式则处于相对次要的位置，形成了我国产学研合作模式的梯度层次⑤。通过以上文献的梳理可以发现，目前，我国关于创新网络基本模式的研究集中于以下 4 个方面：创新共同体、创新集群、技术转让与产学研合作，如表 2－3 所示。

表 2－3　创新网络的基本模式

作者	研究内容	模式
王文岩、孙福全、申强（2008）	联合攻关模式可充分调动产学研各方力量，集中对特定科技项目进行攻关，使企业有效利用学术机构的研究资源，使学术机构的研究更具明确的市场导向	创新共同体
卢仁山（2011）	委托开发、合作开发、技术许可等较紧密型的产学研合作方式成为学研方与企业进行合作的主体模式	

① 谢园园、梅姝娥、仲伟俊：《产学研合作行为及模式选择影响因素的实证研究》，载《科学学与科学技术管理》2011 年第 3 期。

② 季佳玉：《产学研合作的模式与机制研究》，大连理工大学，2008 年。

③ 卢仁山：《不同产学研合作模式的利益分配研究》，载《科技进步与对策》2011 年第 9 期。

④ 高宏伟：《产学研合作模式选择的博弈分析》，载《沈阳工业大学学报》（社会科学版）2011 年第 4 期。

⑤ 李梅芳、刘国新、刘璐：《企业与高校对产学研合作模式选择的比较研究》，载《科研管理》2012 年第 9 期。

续表

作者	研究内容	模式
钟书华（2008）	新集群是由企业、研究机构、大学、风险投资机构、中介服务组织等构成，通过产业链、价值链和知识链形成战略联盟或各种合作，具有集聚经济和大量知识溢出特征的技术经济网络	创新集群
余泽民（2007）	创新集群主要可以分为自主型创新集群、联盟型创新集群和网络型创新集群	
龙开元（2009）	创新集群的几个基本特征：第一，创新集群以创新活动为中心、强调创新主体的相互作用与学习，强调集群内知识的流动；第二，创新集群中企业之间具有较高的信任程度、具有广泛的生产关联度，企业之间具有较多的合作与竞争；第三，创新集群中企业具有持续的创新行为和较强的创新能力	
陈斌等（2014）	研究关于创新集群的形成与演化、创新集群的知识溢出、创新集群中网络关系以及创新集群竞争力与创新能力评价等方面	
夏维力、曾文水、白桦（2006）	技术转让机构的组织结构模式、技术成果许可方式影响技术转让的效果	技术转让
倪绍华（2011）	根据权利化程度和性质的不同，技术转让又可分为四种基本类型：专利权转让、专利申请权转让、专利实施许可、非专利技术转让	
谢园园、梅姝娥、仲伟俊（2011）	产学研合作是以企业、高校和科研机构为核心，在政府、科技中介服务机构、金融机构等的大力支持下，以优势互补和利益共享为基本原则，按照一定的机制和规则进行合作，形成某种联盟乃至独立的实体	产学研合作
季佳玉（2008）	产学研合作原则主要有平等与互利原则、风险共担原则、社会效益优先原则	
卢仁山（2011）	产学研合作模式主要分为松散型产学研合作模式和较紧密型产学研合作模式	
高宏伟（2011）	影响产学研合作的因素有双方目标、资源与能力禀赋、信息充分性。在产学研合作过程中，企业、高校和科研院所所拥有的资源和能力的差异决定了双方之间信息的不对称。风险产学研合作本身就是一个充满高度不确定性的过程	

续表

作者	研究内容	模式
刘璐（2012）	在产学研合作模式中合作研发是合作的主流模式，人才交流咨询、合作申报课题、共建实验室与研究平台和委托研发模式用得较多	产学研合作

注：笔者归纳整理。

第三节 本章小结

本章首先界定创新网络、核心企业与非核心企业的概念，重点分析创新网络中核心企业与非核心企业的不同特征，分析二者的主要差异，而后，分别梳理创新网络的6个角度文献，即创新网络的利益相关者、创新网络的类型、结构、功能、影响因素和基本模式。

第三章

创新网络中非核心企业技术创新能力理论分析

第一节 创新网络中企业技术创新能力分类及成长趋势

一、创新网络中企业技术创新能力分类

企业作为经济发展的主体，科技进步、宏观经济结构的转型离不开企业的创新活动。吕一博、苏敬勤、傅宇（2008）通过数据分析，结果表明企业环境的不确定性、企业创新实现能力和创新推广能力都会直接激发和推动我国中小企业的成长；而企业的先动性和企业环境的动态性则被证实会恶化中小企业的短期成长；充足的金融资源和高水平的企业网络通过对其他因素的作用间接提升了中小企业的成长绩效[①]。而

① 吕一博、苏敬勤、傅宇：《中国中小企业成长的影响因素研究》，载《中国工业经济》2008 年第 1 期。

后，吕一博、苏敬勤（2011）通过对创新网络中企业技术创新能力演化特征进行分析，认为目前非核心企业存在6种创新发展模式，分别是均衡发展型、创新潜力型、全面创新型、创新实现型、创新发起型、创新推广型。非核心企业与核心企业需要根据自身的创新发展类型制订相应的创新能力提升计划和竞争战略①。沈能、赵增耀（2014）研究表明，所有企业创新能力都得益于马歇尔外部性和雅各布斯外部性，同时影响程度又取决于企业规模和集聚规模。具体来说，小型企业显著受益于雅各布斯外部性，但大型企业很少得益于雅各布斯外部性；小城市中的小型企业的创新能力主要得益于马歇尔外部性，而大城市则主要得益于雅各布斯外部性②。

张根明、温秋兴（2010）认为创新价值观、创新氛围及创新激励制度与技术创新能力显著正相关，企业绩效与技术创新能力显著负相关③。张军、许庆瑞、张素平（2014）提出创新网络中企业创新能力由变异感知能力、信息诠释能力、创新决策能力与实施实现能力构成④。林筠、刘伟、李随成（2011）研究表明，通过企业间合作、产学研合作对自主创新能力产生不同程度的间接影响；企业间合作对自主创新能力、合作创新能力均有正向影响⑤。钱锡红、杨永福、徐万里（2010）研究认为核心企业位于网络中心位置，在创新方面具有优势，同时，核心企业知识获取、消化、转换和应用能力能够有效推动企业创新乃至所在创新网络整体绩效的提升，并且知识获取和知识消化能力越强，则企

① 吕一博、苏敬勤：《“创新过程”视角的中小企业创新能力结构化评价研究》，载《科学学与科学技术管理》2011年第8期。

② 沈能、赵增耀：《集聚动态外部性与企业创新能力评价》，载《科研管理》2014年第4期。

③ 张根明、温秋兴：《企业创新：激励体系与企业创新能力关系研究》，载《科学学与科学技术管理》2010年第4期。

④ 张军、许庆瑞、张素平：《企业创新能力内涵、结构与测量》，载《管理工程学报》2014年第3期。

⑤ 林筠、刘伟、李随成：《企业社会资本对技术创新能力影响的实证研究》，载《科研管理》2011年第1期。

业通过改善网络位置而获得的创新收益越大①。谢洪明等（2012）研究发现，创新网络中核心企业网络关系强度和学习能力都对技术创新存在着显著的正向影响；学习能力在网络关系强度和技术创新之间起到不完全中介作用；在非核心企业中，这三者之间并不存在相互影响的关系②。

通过对企业技术创新能力相关文献的梳理，同时，由于在创新网络中，分别包含企业、大学与科研院所、政府、中介机构等主体；非核心企业在创新网络网络中又具有规模相对较小、创新能力弱、组织架构单一等特点。因此，本书认为核心企业与非核心企业的技术能力主要包含以下 3 个方面，即创新基础能力、创新投入能力、创新产出能力（见图 3－1）。

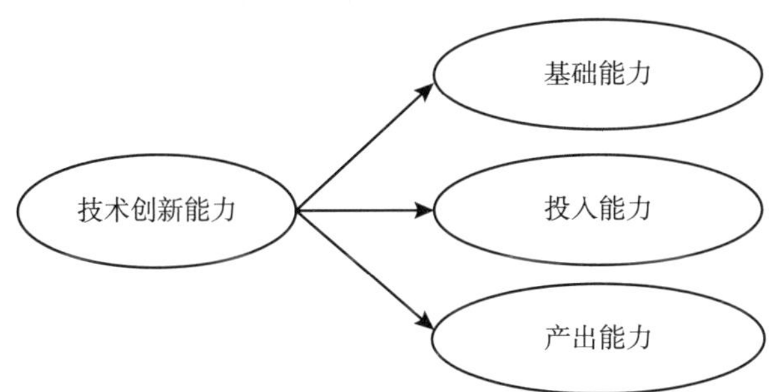

图 3－1　创新网络中企业技术创新能力分类

二、创新网络中企业技术创新能力成长趋势

发展中国家企业创新能力成长的基本轨迹是从仿制能力到创造性模

① 钱锡红、杨永福、徐万里：《企业网络位置、吸收能力与创新绩效》，载《管理世界》2010 年第 5 期。

② 谢洪明、张霞蓉、程聪、陈盈：《网络关系强度、企业学习能力对技术创新的影响研究》，载《科研管理》2012 年第 2 期。

仿能力，再到自主创新能力[1]。成功的企业即核心企业，创新能力成长取决于关键因素与决定性因素，其中，决定性因素是核心企业技术创新能力的可获得量，该因素也决定着企业的创新模式选择，关键因素是创新能力与创新模式的匹配关系[2]。但是，在创新网络中，与核心企业相对应的是非核心企业，非核心企业生产要素素质和技术创新能力相比核心企业水平较低，因此，非核心企业的技术创新能力提升则需根据自身发展需要，通常非核心企业采取合作创新方式增强核心竞争力；当非核心企业生产要素素质得到一定提升时，企业创新能力和外部创新环境均发生改变，导致非核心企业此时需要转变技术创新方式，从而进一步提升企业核心竞争力[3]。而后，非核心企业创新能力会发展到创新阶段，此时，非核心企业创新能力是在自身研发的基础上，与创新网络中的核心企业有机配合实现的共同技术创新能力。创新网络中的非核心企业技术创新能力包括两个方面：自身的研发能力和配合其他企业的能力。根据比较优势原理，创新网络中的企业都有自己的研发领域，非核心企业亦不例外，非核心企业可以通过获得其他企业帮助提高技术创新能力[4]。因此，企业技术创新能力成长主要经历 4 个阶段，即仿制、创造性模仿、自主创新和协同创新，在技术创新能力成长过程中，创新能力构成要素持续积累、支撑着创新能力阶梯平台的螺旋演进上升[5]（见图 3－2）。

---

① 赵晓庆、许庆瑞：《企业创新能力演化的轨迹》，载《科研管理》2002 年第 1 期。

② 曹素璋、高阳、张红宇：《企业创新能力与技术创新模式选择：一个梯度演化模型》，载《科技进步与对策》2009 年第 1 期。

③ 生延超：《企业创新能力与技术创新方式选择》，载《管理科学》2007 年第 8 期。

④ 刘玮：《开放式创新环境下技术密集型企业创新能力演化机理研究》，中国地质大学，2013 年。

⑤ 于渤、张涛、郝生宾：《重大技术装备制造企业创新能力演进过程及机理研究》，中国软科学，2011 年。

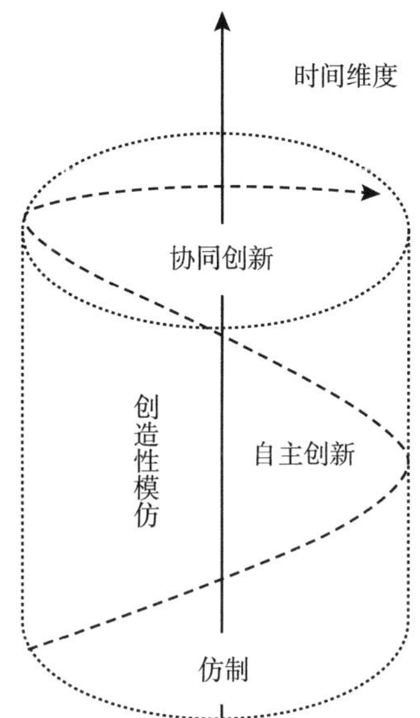

图3-2 创新网络中企业技术创新能力螺旋式成长趋势

第二节 创新网络中核心企业与非核心企业对比分析

作为全球竞争的重要组织形式，创新网络是当今国内外学者关注的一个热点领域。网络包括节点和关联两个重要元素，而各节点的链接方式、各组成部分的相互位置和相互关系，决定着网络中资源的分布状况和整合深度，决定着网络中各主体的行为方式，进而影响着创新网络中的企业行为取向[①]。创新网络是企业为了扩大生存空间而形成的一种组织形态[②]。不同创新要素之间构成的诸多关系网络，是技术创新得以开发、引进、改进和扩散的重要媒介。创新网络能形成不同类型的正式、

① Holmlund, M. The D&D Model-dimensions and Domains of Relationship Quality Perceptions [J]. *Service Industries Journal*, 2001: 13-36.

② Bianconi G, Barabasi A L. Competition and multiscaling in evolving networks [J]. *Europhysics letters*, 2001: 436-442.

非正式关系[①]（Casanueva et al.，2012），通过集群内的网络化能够促进技术创新，强化集群、网络与企业创新的互补效应[②]，在多维性和复杂性特点的创新网络中，由于核心企业在网络中占据主导地位，多数的研究直接将创新网络研究定位于为基于核心企业的创新网络研究，而鲜有关注网络中的非核心企业。

一、创新网络中核心企业的竞争优势

创新网络中的非核心企业与核心企业及其他组织相互联系、相互作用的程度越强，组织的开放性越强，越有助于提升网络整体价值创造水平及企业创新能力。不同规模的企业在创新网络中的地位是不同的，核心企业通常是大企业，而非核心企业通常是中小型企业。到底何种规模的企业更具有创新积极性，一直是学术界争论的焦点。随着产业发展和成熟，“熊彼特Ⅰ型”模式会演变为“熊彼特Ⅱ型”模式，大企业将成为主要的创新者；当出现根本性创新时，“熊彼特Ⅱ型”模式将被“熊彼特Ⅰ型”模式取代[③]。包含企业、各种技术、市场、大学、私人研究机构以及制造商之间的伙伴关系，能够使大企业和小企业更加容易进行创新[④]（Rothwell，1991）。在创新网络中，虽然更多的创新不断地转向中小型企业，但是大企业占企业创新主导地位并未改变；良好的大学、研究机构、小企业和大企业的交互关系是创新网络充满动力的关键。以大企业为中心的合作伙伴关系网络和实践社区结构是一种有效

---

① Casanueva Cristobal，Castro Ignacio，J. L. Galan. Informational networks and innovation in mature industrial clusters［J］. *Journal of Business Research*，2012.

② Gnyawali Devi R.，Srivastava Manish K. Complementary effects of clusters and networks on firm innovation：A conceptual model［J］. *Technology Management*，2013：1－20.

③ Klepper S.，Entry. Exit. Growth and Innovation over the Product Life Cycle［J］. *American Economic Review*，1996：562－583.

④ Rothwell Roy，Leader. External networking and innovation in small and medium-sized manufacturing firms in Europe［J］. *Technovation*. 1991：93－112.

的创新系统，跨组织的创新网络对于新兴技术领域的创新尤为重要①。集群企业的专业化和模块化发展并不能决定集群的连通性，而集群企业的规模却决定着创新网络化的水平，大企业与创新网络的全球化水平显著正相关②。

随着理论界对创新网络中大企业创新功能、企业规模与网络结构关系的研究，占据网络优势位置和关键资源的核心企业逐渐进入研究者的视野。创新网络中核心企业的竞争优势与企业所拥有的资源密切相关，创造和保持企业持续竞争优势的资源必须具备 4 个性质，即价值性、稀缺性、不可模仿性和不可替代性③。企业间网络中存在着拥有大量关系的中心企业，而这些中心企业的分布特征显示，在网络中心企业中还存在超级中心企业，它们趋向于拥有更多的关系伙伴。核心企业位于网络中心位置，是网络中的知识转移和扩散中心，能影响网络成员的认知以及对新产品或服务的采用，在构建创新网络、选择网络成员和创新任务分配上具有一定的影响力。网络中的核心企业具有较强的网络组织和管理能力，能够增强创新网络中成员的产出绩效（响应能力、财务绩效、效率、效用以及创新性）。可见，核心企业相关研究大多集中于创新网络的形成与核心企业成长、核心企业网络优势以及核心企业影响力等方面。这些研究在解释大企业或核心企业如何控制网络中的非核心企业方面具有参考价值。

二、创新网络中非核心企业技术创新行为演化

关于此类问题的研究，基本延续着中小型企业创新的研究视角，更

① Valk Tessa van der, Maryse M. H. Chappin, Govert W. Gijsbers. Evaluating innovation networks in emerging technologies [J]. *Technological Forecasting and Social Change*, 2011: 25 - 39.

② Crawford Seth. What is the energy policy-planning network and who dominates it? A network and QCA analysis of leading energy firms and organizations [J]. *Energy Policy*, 2012: 430 - 439.

③ Barney J. B. Firm resources and sustainable competitive advantage [J]. *Journal of Management*, 1991: 99 - 120.

多的是关心这类企业如何从网络中获益，而较少关注非核心企业技术创新对网络演化的影响。创新网络作为资源集聚、信息共享的一种制度安排，能够为资源相对匮乏的中小型企业提供更多的技术机会。基于供应链关系形成的良好的、紧密的、多元化关系有助于增强中小型企业的创新能力①。内部技术能力是技术投资效果的重要决定因素，网络对内部能力具有补充作用，能够产生效应而非替代它，技术投资战略加强了网络和投资有效性之间的关系。网络中个人关系和专业关系并存，会影响创新扩散的动态变化②。从技术能力的视角看，网络中上下游水平以及开发联盟对产品开发的影响，取决于新企业技术能力的专业化程度③。中小型企业对网络的依赖度决定其创新行为模式的选择。当然，也有学者持相反的意见，认为在大企业和小企业之间的技术合作中，尽管这种合作关系通常能够使大、小企业都获得好处，但非对称性的合作关系有时候也会损害中小型企业的利益。上述研究从不同角度说明，以中小型企业为主的非核心企业，其技术能力是整合外部网络资源，确保创新成功的关键。

通过对创新网络中核心企业的优势与非核心企业创新行为分析，可知在创新网络演化过程中，非核心企业创新行为主要经历三个阶段，即适应式创新、逆向式创新与集群式创新。在第一阶段适应式创新阶段核心企业占据创新网络的主导地位，非核心企业处于从属地位，此时非核心企业主要适应、跟随核心企业的技术方向，努力嵌入创新网络中，扩大生产规模，获得规模经济效益；进入创新网络后，非核心企业逐步发展为第二阶段逆向式创新，在此阶段非核心企业仍然处于网络从属地位，技术能力得到一定提高，不仅能够适应核心企业引导的技术水平要

① Tomlinson Philip R., Fai Felicia M. The nature of SME cooperation and innovation: A multi-scalar and multi-dimensional analysis [J]. *Int. J. Production Economics*, 2013: 316 - 326.

② Gerhard Fuchs, Philip Shapira. Rethinking Regional Innovation and Change: Path Dependency or Regional Breakthrough? [M]. *Springer*, *New York*, 2005.

③ Haeussler Carolin, Patzelt Holger, Zahra Shaker A. Strategic alliances and product development in high technology new firms: The moderating effect of technological capabilities [J]. *Journal of Business Venturing*, 2012: 217 - 233.

求，还具备自主创新能力，逐渐融合到创新网络中，产生范围经济效益；最后，非核心企业发展到第三阶段集群式创新，在此时期，非核心企业已经开始支配整个创新网络，在网络中具有主导地位，拥有强大的技术能力，支配创新网络中其他企业发展方向，此时的非核心企业已经替代了网络中原有的核心企业，自身发展成为核心企业，创新网络中原来的核心企业被取代后，继续融合在网络中作为非核心企业继续发展或脱离网络遭到淘汰，此时产生网络经济效益，具体如表 3－1 所示。

表 3－1　　创新网络中非核心企业技术能力成长趋势与特征

发展阶段	特征	非核心企业	核心企业
第一阶段 适应式创新	技术水平	弱	强
	知识吸收	强	强
	自主研发	弱	强
	知识专有性	弱	强
	发展方式	嵌入网络	支配网络
	经济效应	规模经济	规模经济
第二阶段 逆向式创新	技术水平	较弱	强
	知识吸收	较强	较强
	自主研发	较弱	较强
	知识专有性	较弱	较强
	发展方式	融合网络	支配网络
	经济效应	范围经济	范围经济
第三阶段 集群式创新	技术水平	强	弱
	知识吸收	强	强
	自主研发	强	弱
	知识专有性	强	弱
	发展方式	支配网络	融合/脱离网络
	经济效应	网络经济	不确定

资料来源：笔者整理。

第三节　创新网络中非核心企业技术创新能力影响机理分析

非核心企业与核心企业在创新网络内保持着联系关系，非核心企业发展常常受控于核心企业。非核心企业的技术创新能力更多的是依赖核心企业的技术水平，随着核心企业对其技术水平的匹配性而变化。此外，核心企业受路径依赖的影响不愿投入资本和精力研发新的技术，只是停留在原有技术能力基础上。此时的模式无论是对于核心企业还是非核心企业，都不利于其自身的技术能力增长。另外，有时在创新网络中的非核心企业又保持着与核心企业较弱的联系关系，甚至会与核心企业形成竞争的关系。这种竞争关系会促使核心企业与突破后的非核心企业发展自身技术能力以求处于创新网络的关键位置获取更多信息和技术，以提高竞争力。这种彼此间的相互作用会促进创新网络整体技术水平的发展。

一、非核心企业技术创新能力影响因素

作为创新网络中的非核心企业若想实现追赶战略需要以技术创新能力提升为基础，而其技术创新能力的生成和提升需要基于技术链和产业链的发展；自主研发活动是提升企业创新能力的有效手段，非核心企业需要在技术引进的同时构架有效的自主研发保障体系，通过开展自主研发活动迅速提升技术创新能力①。洪勇、苏敬勤（2009）研究表明，政策支持和产业对非核心企业技术创新能力提升起到正向影响作用，市场压力对技术创新能力提升起到呈负向影响作用；外部技术转移对技术创

① 徐雨森、洪勇、苏敬勤：《后发企业创新能力生成与演进分析》，载《科学学与科学技术管理》2008 年第 5 期。

新能力提升起到负向影响作用，并且，作用效果显著；外部创新环境对非核心技术创新能力提升影响作用不明显[①]。藏晨（2009）认为企业创新能力和技术创新能力之间具有显著关系，两种能力均呈现相耦合的螺旋上升模式，强调企业要在市场竞争中发展壮大，就必须保持技术创新能力与创新能力在动态提高过程中的协调[②]。刘炜、马文聪、樊霞（2012）对某企业产学研合作与内部研发的互动进行分析，认为企业技术创新能力发展和创新产品竞争力提升可以通过产学研合作，充分发挥企业所在创新网络中的高校和科研机构的作用，加快科技成果转化[③]。何建洪、贺昌政（2012）根据文献分析的结果将创新能力分为技术吸收能力和技术创新能力，并从文献分析中提出了创新能力、创新战略对创新型绩效形成的影响，通过调查问卷方式对各种影响路径进行了验证，结果发现企业创新能力和创新战略对创新绩效都有显著影响[④]。李慧巍（2013）通过问卷调查，分别研究了创新网络中企业学习能力、创新能力与网络整体竞争力之间的关系，从创新产品升级和流程升级方面进行实证分析，验证了学习能力与网络竞争力之间的关系，认为技术创新能力起到中介作用[⑤]。

同时，创新网络中的非核心企业创新能力通过其构成要素之间的关系对技术创新能力产生影响；各要素均对技术创新效率产生正向影响；组织与管理要素、设备要素和信息要素对技术创新效率具有非显著影

① 洪勇、苏敬勤：《发展中国家企业创新能力提升因素的实证研究》，载《管理科学》2009 年第 8 期。

② 藏晨：《企业创新能力和技术创新能力的相关性研究》，载《科技进步与对策》2009 年第 6 期。

③ 刘炜、马文聪、樊霞：《产学研合作与企业内部研发的互动关系研究》，载《科学学研究》2012 年第 12 期。

④ 何建洪、贺昌政：《企业技术能力、创新战略对创新绩效的影响研究》，载《软科学》2012 年第 6 期。

⑤ 李慧巍：《协同创新网络学习、集群企业创新能力和企业升级的实证研究》，载《生产力研究》2013 年第 2 期。

响，主要是通过人员要素实现的[①]。非核心企业技术创新能力在开放式创新模式和创新绩效之间起中介作用，开放式创新对企业技术创新能力具有正向促进作用，并直接和间接通过企业技术创新能力正向影响创新绩效[②]。贾生华、田家欣、李生校（2008）对外部网络效应与集群企业创新能力之间的关系进行实证检验后显示，并非所有的外部网络效应都能够影响集群企业的创新能力；即使某些效应确实能够对集群企业的创新能力产生影响，其对不同技术子能力的影响程度也存在差异[③]。内部研发、内部管理、知识开发、先进设备引进和研发合作都显著促进非核心企业的技术创新能力提升，但其影响在技术创新能力提升的不同阶段存在差异；研发外包阻碍非核心企业的技术创新能力提升；内部知识获取在非核心企业外部知识获取与创新能力提升之间存在一定程度的中介作用[④]。另外，创新网络中的非核心企业在技术创新过程中还应注意风险管理，特别是技术提升初期，在没有建立起竞争壁垒的情况下，非可见性管理可能会决定公司的生死存亡。同时，对知识产权的保护应该上升到公司的战略层次，以增强非核心企业整体技术创新竞争力[⑤]。

通过以上文献梳理，本书认为创新网络中非核心企业技术创新能力影响因素主要集中于以下 5 个方面，即技术水平、知识吸收、研发模式、知识专有性和网络环境等因素（如图 3 - 3 所示）。

---

① 杨莹、于渤、田国双：《企业创新能力对技术学习率作用机制研究》，载《科技进步与对策》2014 年第 7 期。

② 陈曦、缪小明：《开放式创新企业创新能力和创新绩效的关系研究》，载《科技管理研究》2012 年第 14 期。

③ 贾生华、田家欣、李生校：《全球网络、本地网络对集群企业创新能力的影响》，载《浙江大学学报》（人文社会科学版）2008 年第 3 期。

④ 李艳华：《中小企业内、外部知识获取与创新能力提升实证研究》，载《管理科学》2013 年第 5 期。

⑤ 吴佩、陈继祥：《自主创新模式下企业创新能力提升机理研究》，载《科学学与科学技术管理》2011 年第 4 期。

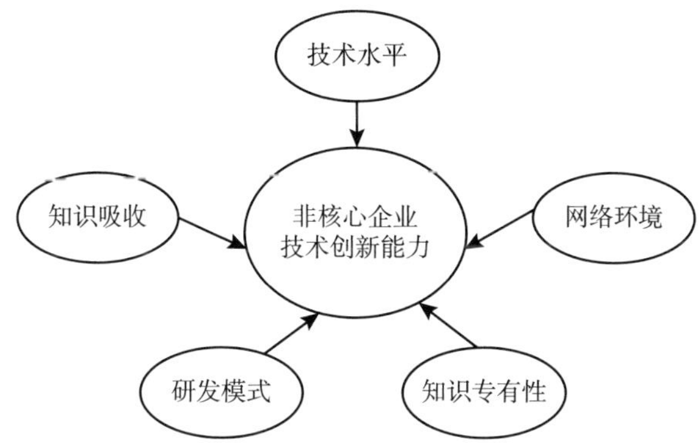

图 3-3 创新网络中非核心企业技术创新能力影响因素

二、技术水平与非核心企业技术创新能力的关系

现阶段，不论核心企业还是非核心企业技术水平的提高总是按照从弱到强的阶段性演化路径进行。只有当非核心技术取得重大突破，技术创新能力水平才能够提高，因此，非核心企业技术创新能力上升趋势呈现周期性变化。非核心企业的技术创新能力是企业在创新网络中发展的核心竞争力，其构成不仅包括非核心企业现有的技术创新能力，还应包括企业调动所有资源提升技术创新能力，促进非核心企业成长的能力。魏江、许庆瑞（1996）提出了企业要从市场竞争中取得优势，必须使技术能力与技术创新能力两者协调发展，以技术能力基础，不断提高企业的技术创新能力[①]。张学勇、周礼、赵玉林（2009）研究结果表明，非核心技术的提高会带来其销售利润率、总资产利润率和人均利润率的显著提高，说明当前企业增强技术水平，能够提高企业竞争优势[②]。吴岩（2013）提出影响非核心企业技术创新能力的因素众多，这些因素分别来自非核心企业的内部与外部，并且，外部因素与内部因素常常相

① 魏江、许庆瑞：《企业技术能力与技术创新能力之关系研究》，载《科研管理》1996年第1期。

② 张学勇、周礼、赵玉林：《技术水平与盈利能力——来自浙江民营企业的证据》，载《科研管理》2009年第11期。

互作用。因此，创新网络中的非核心企业技术创新能力的提升，首先应提高企业内部和外部能力，使企业盈利和生产能力提高，从而才能提升非核心企业技术创新能力[①]。王月琴、许治（2012）研究结果表明，创新网络能够提高网络内非核心企业技术学习的绩效，创新网络内的连接强度与企业之间临近成员技术水平的倾向技术学习策略，不仅能使非核心企业获得较高的技术学习效率，而且能有效地降低整个创新网络的产业技术差距[②]。李柏洲、罗小芳（2013）提出整体上核心企业技术进步推动自主创新，但是，技术进步对各行业的促进作用因技术水平的不同而存在差异[③]。

非核心企业技术创新能力与其竞争优势之间具有正相关关系。其中，技术创新能力用研发条件与技术水平两个维度进行测量，竞争优势状况则基于与同行企业的绩效比较来反映。研发条件与技术水平对企业竞争优势均有正向影响，同时技术水平影响的效应较大。因此，非核心企业可以更多地通过提升技术水平从而提高技术创新能力。韩清、朱平芳、郭蓉（2011）通过研究影响企业技术效率的外生性因素，发现企业的所有制结构、规模、研发经费支出与人员投入、资本密集程度和企业的垄断程度等因素都对工业企业的技术效率水平具有显著影响[④]。据此，本书认为技术水平与创新网络中的非核心企业技术创新能力存在正向影响关系。

三、知识吸收与非核心企业技术创新能力的关系

创新网络中非核心企业技术创新能力提升的重要来源是吸收新知

① 吴岩：《基于主成分分析法的科技型中小企业技术创新能力的影响因素研究》，载《科技进步与对策》2013 年第 14 期。

② 王月琴、许治：《产业创新网络中企业技术学习研究》，载《中国软科学》2012 年第 6 期。

③ 李柏洲、罗小芳：《大型企业技术进步推动自主创新的实证研究》，载《科研管理》2013 年第 1 期。

④ 韩清、朱平芳、郭蓉：《企业技术效率的影响分析》，载《统计研究》2011 年第 10 期。

识，非核心企业在持续的知识学习中选择、获取、消化吸收、改进和创造知识，并使之转化为新技术，从而能够达到整合其他资源，产生产品和服务的累积性知识。非核心企业技术创新能力的演化受制于知识吸收，而知识吸收的有效性又是由非核心企业技术学习能力决定。因此，面临当今非核心企业所处的知识密集型创新网络，非核心企业只有不断地依赖外部信息源才能有效促进企业的技术创新能力成长，知识吸收能力是非核心企业技术学习和知识转移以实现技术创新能力提升的关键因素。

王培林（2010）研究认为企业通过对新知识和新概念的学习，将其消化吸收为自己的知识，同时，在消化吸收过程中，非核心企业还可以找到新技术或新知识的需求机会，从而使得非核心企业进行进一步的知识吸收，使企业技术创新能力和竞争力的不断提升①。项后军、朱晓艳、朱瑞忠（2009）研究发现，非核心企业自身因素和所处产业因素，对于非核心企业知识吸收有着重要影响②。贾卫峰、党兴华（2010）提出企业间技术交流的过程就是企业间知识匹配、流动、控制的过程，而创新网络中的企业结点也是通过这三种状态，使自身能力得到提升，进而影响到与其他结点的知识，并最终成长为核心企业③。杰哈（K. Jha，2013）分析了跨国企业如何吸引来自发达经济体和新兴市场的创新，例如在印度，跨国企业主要通过与客户合作创新的方式，利用授权工程师及新产品开发方法实现自身全球化④。

另外，位于创新网络中非核心位置的企业不仅能够通过大量直接合作伙伴获取可靠性信息，也能通过合作伙伴接触更多的间接联系，从而

---

① 王培林：《对华为知识创新过程的理性分析》，载《科技进步与对策》2010 年第 9 期。

② 项后军、朱晓艳、朱瑞忠：《企业“集群化成长”理论的重新研究：基于核心企业的视角》，载《科学学研究》2009 年第 6 期。

③ 贾卫峰、党兴华：《技术创新网络中核心企业形成的三状态模型研究》，载《科学学研究》2010 年第 11 期。

④ Srivardhini K. Jha，Rishikesha T. Krishnan，Local innovation：The key to globalisation［J］. IIMB Management Review，Volume 25，Issue 4，December 2013：249 –256.

能够扩大其网络合作的信息容量和丰富程度①。何建洪、贺昌政、胡冬云（2014）发现战略创新导向在技术能力作用于创新型企业的过程中起调节作用，强的战略创新导向会强化技术能力对创新型企业的正向作用，弱的战略创新导向则会弱化技术能力对创新型企业的作用②。陈茵、徐二明（2013）认为外部环境影响非核心企业之间的沟通，从而影响企业知识吸收，同时，分析企业知识吸收的动态性，认为知识吸收受企业内部环境和外部沟通机制影响③。提高知识吸收能力是创新网络中非核心企业技术创新能力成长的关键因素。非核心企业相比创新网络中的核心企业技术创新能力薄弱，对外部知识吸收能力不足。陈劲（2011）对企业知识吸收能力的影响因素进行研究后发现，创新网络的位置、知识获取渠道与网络中其他企业的联系程度是促进非核心企业知识吸收的关键因素，同时非核心企业知识基础、研发活动强度与研发人员、组织文化、学习机制等因素潜在提升非核心企业知识吸收能力。张德茗、李艳（2011）提出了创新网络中的非核心企业知识吸收能力影响因素主要是企业的先验知识、研发人员投入强度、员工培训与制度支持，同时将企业知识吸收能力分为潜在吸收能力和实现吸收能力两个维度④。据此，本书认为知识吸收与创新网络中的非核心企业技术创新能力存在正向影响关系。

四、研发模式与非核心企业技术创新能力的关系

由于资源的有限性与非核心企业先天劣势，创新成为非核心企业发

---

① Victor Gilsing，Bart Nootehoom，et al. Network Emheddedness and the Exploration of Novel Technologies：Technological Distance，Betweenness Centrality and Density [J]. Research Policy，2008，37（10）：1717－1731.

② 何建洪、贺昌政、胡冬云：《技术能力、战略创新导向与创新型企业形成研究》，载《科技进步与对策》2014 年第 11 期。

③ 陈茵、徐二明：《不同外部知识环境下企业吸收能力的动态重构》，载《科学学研究》2013 年第 7 期。

④ 张德茗、李艳：《科技型中小企业潜在知识吸收能力和实现知识吸收能力与企业创新绩效的关系研究》，载《研究与发展管理》2011 年第 6 期。

展的新趋势，是非核心企业不断发展的源泉、动力。大多数学者认为，企业与大学和科研机构合作，产生多种研发模式，企业采用的多种研发模式是新知识和新技术的重要来源，对非核心企业的技术创新能力发展起到十分重要的作用。洪银兴（2014）认为产学研创新的环节主要在科学发现或创新的知识孵化新技术环节。在研发新技术过程中，企业家和科学家交互作用，体现知识创新和技术创新，大学作为创新中心同企业共建创新平台，企业与大学是利益共同体[①]。解学梅（2010）研究证实，不同的创新网络对企业创新绩效的影响程度存在显著差异，其中“企业—企业”式的创新网络对提升企业创新绩效的效应最为显著[②]。程源、高建（2005）认为企业寻求外部技术来源是近些年来技术管理领域最引人注目的一种变化，越来越多的公司倾向于向外部寻求技术的来源[③]。肖丁丁、朱桂龙（2013）研究表明，企业家精神、外部技术依存和政府资助对合作效率有显著的正向影响[④]。陈忠卫、郝喜玲（2008）认为，企业成长过程中创业团队企业家精神能否得到有效传承将直接影响企业的可持续发展[⑤]。只有企业整体实力增强，企业才有可能逐渐增加对核心技术创新的投入，最终成功进入产业链的上游[⑥]。全裕吉、陈益云（2003）针对核心技术创新的复杂性、风险性、渗透性和高的市场能力要求等特点，中小企业可先从非核心技术创新切入，进行渐进式的顺轨创新和衍生创新[⑦]。陈勇星、秦秋英、李由胜（2009）

① 洪银兴：《产学研协同创新的经济学分析》，载《经济学家》2014 年第 1 期。

② 解学梅：《中小企业协同创新网络与创新绩效的实证研究》，载《管理科学学报》2010 年第 8 期。

③ 程源、高建：《企业外部技术获取：机理与案例分析》，载《科学学与科学技术管理》2005 年第 3 期。

④ 肖丁丁、朱桂龙：《产学研合作创新效率及其影响因素的实证研究》，载《科研管理》2013 年第 1 期。

⑤ 陈忠卫、郝喜玲：《创业团队企业家精神与公司绩效关系的实证研究》，载《管理科学》2008 年第 2 期。

⑥ 李玉刚：《非核心技术创新战略》，载《中国工业经济》2001 年第 11 期。

⑦ 全裕吉、陈益云：《从非核心技术创新到核心技术创新：中小企业创新的一种战略》，载《科学管理研究》2003 年第 6 期。

认为，我国中小企业特别是非科技型中小企业技术创新的主要选择应当是非核心技术创新、中间技术创新和集成技术创新[①]。Archibugi（2013）比较金融危机期间创新驱动投资，发现金融危机导致创新活动集中在一小部分快速增长的新公司中，这些公司为了更好应对新产品和新市场的发展，目前的创新水平已经远远高于危机之前[②]。李梅芳（2010）认为企业的技术创新投资既是由企业内在需求与定位所决定，又是受外部环境刺激所做出的各种对策反应[③]。据此，本书认为研发模式与创新网络中的非核心企业技术创新能力存在正向影响关系。

五、知识专有性与非核心企业技术创新能力的关系

非核心企业在创新网络长期发展过程中，往往形成属于不同所有者拥有的专有性知识，这些知识在复杂的演化积累过程中相互专用与相互依赖，形成一个有机的局部知识网络，具有较为稳定的专有性，非核心企业的专有性知识对其在创新网络中快速发展、增强其技术创新能力方面起到积极的作用。当今，很多核心企业在发展独特技术创新能力与创新品质的同时，还引入了大量的成熟通用技术与管理程序[④]。王伟光、冯荣凯、尹博（2015）研究发现，在知识溢出效应影响下，产业创新网络中的核心企业控制力一方面可能强化了核心企业对网络中非核心企业（主要是中小企业）的控制，另一方面也使得非核心企业有可能逐

① 陈勇星、秦秋英、李由胜：《我国中小企业技术创新的技术选择策略》，载《江苏大学学报》（社会科学版）2009 年第 7 期。

② Daniele Archibugi, Andrea Filippetti, Marion Frenz. Economic crisis and innovation: Is destruction prevailing over accumulation? [J]. *Research Policy*, Volume 42, Issue 2, March 2013: 303 – 314.

③ 李梅芳：《企业技术创新投资动力学模型与演化分析》，载《系统工程》2010 年第 11 期。

④ 江海潮：《企业核心竞争力和非核心竞争力竞争追随与均衡》，载《科技进步与对策》2009 年第 5 期。

渐摆脱核心企业控制[①]。项后军（2010）认为集群中各种类型的企业彼此之间越来越大的分化，促使其各自的分工更为明晰、各自的角色定位更为明确[②]。刘锦英（2014）提出核心企业能根据创新进程不断调整网络的行动参与者，这一研究结果对非核心企业有三个方面的启示：结网互动、自我主导、动态调整[③]。

谢永平、党兴华、张浩淼（2012）认为创新网络的治理是以核心企业的形成为转折点的，在核心企业形成之前，成员企业基于自身所拥有的资源而与其他企业自发进行竞争与合作的关系治理[④]。田茂利、杨波、王核成（2012）认为集群内的核心企业是主导力量，对非核心企业及集群的发展起着至关重要的作用，大多数核心企业不满足于其在集群中的领袖地位，而是选择“走出去”谋求更大的发展空间[⑤]。吴华霞（2013）认为在创新网络中核心企业是网络中的主要企业，对网络中的非核心企业创新行为具有影响作用，应在整个联盟中发出相应的信号，使非核心企业认识到联盟比背叛获得的收益要大得多，这样可以对非核心企业起到一定的激励作用[⑥]。郝斌、任浩（2011）认为创新网络中存在创新资源异质性，因此核心企业与非核心企业在创新网络中的地位非对等，导致少数核心企业对多数非核心企业进行控制[⑦]。林伟连（2013）从强化产学研合作创新，提升企业持续创新能力的角度探讨制

---

① 王伟光、冯荣凯、尹博：《产业创新网络中核心企业控制力能够促进知识溢出吗》，载《管理世界》2015 年第 6 期。

② 项后军：《核心企业视角的产业集群与企业技术创新关系的重新研究》，载《科研管理》2010 年第 7 期。

③ 刘锦英：《核心企业自主创新网络演化机理研究》，载《技术与创新管理》2014 年第 2 期。

④ 谢永平、党兴华、张浩淼：《核心企业与创新网络治理》，载《经济管理》2012 年第 3 期。

⑤ 田茂利、杨波、王核成：《集群核心企业网络位移研究》，载《科技管理研究》2012 年第 5 期。

⑥ 吴华霞：《核心企业在技术联盟中的作用研究》，载《商业经济》2013 年第 7 期。

⑦ 郝斌、任浩：《企业间领导力：一种理解联盟企业行为与战略的新视角》，载《中国工业经济》2011 年第 3 期。

度信任、合作管理、利益分配在产学研合作中的作用机理[①]。王惠东、王森（2014）认为创新网络是整合核心企业与非核心企业创新资源、促进集成创新、提升非核心企业与核心企业竞争力的有效途径，但在创新网络中企业知识专有性与知识产权共享之间的冲突严重阻碍了创新网络的健康发展，表现在创新网络在运行阶段关于知识产权投入程度、标准等问题的冲突[②]。李泓桥（2013）研究发现，通用性互补资产和专有性互补资产均正向影响技术创新，并且专有性互补资产正向调节创业导向与技术创新之间的关系[③]。张军、许庆瑞（2014）研究发现，创新网络中的核心企业与非核心企业竞争优势不能仅仅依靠知识积累完成，其中内生性知识积累更倾向于先构筑创新网络中核心企业与非核心企业深层次基础能力，并以此提供现实创新能力的来源与潜力，进而促进非核心企业技术创新能力成长[④]。据此，本书认为知识专有性影响创新网络中的非核心企业技术创新能力。

六、网络环境与非核心企业技术创新能力的关系

近年来，作为创新网络中技术创新与产业创新主体的非核心企业发展迅猛，在国民经济和创新网络中发挥了重要作用。然而由于非核心企业发展的制度环境、市场环境、法制环境中存在的制约因素，使其自身发展受到限制。非核心企业是创新网络中技术创新的基础力量，对实现产业结构升级、提高产品附加值和提升创新网络综合竞争力具有重要意义，非核心企业技术创新能力的成长是以良好的市场环境、融资环境以

① 林伟连：《产学研合作共同体的内涵特征与构建路径》，载《高等工程教育研究》2013 年第 4 期。

② 王惠东、王森：《创新联盟各阶段知识产权冲突与对策研究》，载《科技管理研究》2014 年第 4 期。

③ 李泓桥：《创业导向对企业突破性创新的影响研究：互补资产的调节作用》，载《科学学与科学技术管理》2013 年第 3 期。

④ 张军、许庆瑞：《知识积累、创新能力与企业成长关系研究》，载《科学学与科学技术管理》2014 年第 8 期。

及完善的政策支撑网络为基础的。因此，创新网络中非核心企业技术创新能力的发展离不开政府的大力扶持与帮助。企业经营环境管制与保护能够有效激励创新网络中非核心企业技术创新能力提高，非核心企业内部自主研发与创新之间的互补与替代关系并存。网络环境的变化为非核心企业提供了大量获得新技术的机会，识别和利用新技术是决定非核心企业在创新网络中能否顺利发展和占据竞争优势的关键因素。政策环境对创新网络中非核心企业技术创新能力成长有着显著影响。非核心企业自主研发信心是其自主创新行为的重要动力因素之一①。

张宗庆、郑江淮（2013）提出后发国家的企业进行产品与工艺创新活动的意愿随着企业规模增加而逐步增强，企业更偏向于自主研发和原始创新，大企业更偏向于引进技术和吸收、消化再创新。中等规模企业兼顾自主研发和引进技术②。黄鲁成、张静（2014）通过三个不同的评估视角，即技术基础性评估、技术应用范围评估及技术效益评估，逐步识别共性技术的三个特性，最终筛选出产业共性技术③。方晓波（2011）提出财务资产不足、人力资产缺乏、技术供给不足、科技中介机构服务能力较弱等问题是严重制约创新网络中非核心企业技术创新的瓶颈因素。基于此类问题，建议政府制定激励企业利用互补资产促进企业技术创新；激励核心企业与非核心企业配置互补资产的税收政策；大力推进创新网络中的产学研合作；拓宽非核心企业融资渠道；降低融资成本等措施④。金碚、龚健健（2014）分析表明，稳定的经济增长态势可以为企业提供较为有利的经营环境，同时，高技术产业的技术溢出并不明显，这表明在当前的结构调整中应当更加重视产业整体的技术升级

① 韩丽川、陈忠、陈晓荣：《基于 SSM 的企业创新技术知识需求动态识别模型研究》，载《科技进步与对策》2008 年第 5 期。

② 张宗庆、郑江淮：《技术无限供给条件下企业创新行为》，载《管理世界》2013 年第 1 期。

③ 黄鲁成、张静：《基于专利分析的产业共性技术识别方法研究》，载《科学学与科学技术管理》2014 年第 4 期。

④ 方晓波：《基于互补资产的企业技术创新政策环境研究》，载《经济体制改革》2011 年第 4 期。

和创新，全面提高产业素质，而不能过分期望于不同产业间比例的调整[①]。任保平（2009）认为技术创新在创新网络中促进非核心企业竞争力方面具有十分重要的作用，但是在经济发展新阶段，整体经济发展面临着制度环境、政策环境、融资环境、法制环境、人才和信息环境的制约，因此，要求改善和加强企业技术创新能力提升，需要做好创新环境的优化[②]。据此，本书认为网络环境影响创新网络中的非核心企业技术创新能力。

第四节　理论模型构建

通过以上有关创新网络中非核心企业与核心企业相关理论研究、文献梳理，本书将通过对创新网络中影响非核心企业技术能力成长的 5 个因素即技术水平、知识吸收、研发模式、知识专有性与网络环境进行系统研究，分析 5 个影响因素中不同变量对非核心企业技术创新能力的正向与负向影响，从而提高非核心企业技术创新能力提升。同时，非核心企业技术创新能力成长的趋势遵循从仿制、创造性模仿、自主创新到协同创新的过程，经历三个成长阶段即适应式创新、逆向式创新与集群式创新。其中，在第一阶段适应式创新中，非核心企业处于创新网络的下游，受核心企业控制，主要依靠知识吸收提高技术创新能力，非核心企业技术创新能力处于仿制阶段；在第二阶段逆向式创新中，非核心企业逐步发展到创新网络的中游，核心企业控制力变小，开始进行创新活动，自主研发能力有所提高，此时技术创新能力处于创造性模仿阶段；到第三阶段集群式创新时，非核心企业已经发展到创新网络的上游，已摆脱核心企业的控制，技术创新、知识吸收与自主研发能力达到同

---

① 金碚、龚健健：《经济走势、政策调控及其对企业竞争力的影响》，载《中国工业经济》2014 年第 3 期。

② 任保平：《中国经济发展新阶段企业技术创新环境的优化》，载《求索》2009 年第 10 期。

行业极高水平，技术创新能力提高主要依靠自主创新，在此阶段创新网络中非核心企业已经逐步发展成为核心企业。通过以上理论分析，本书创造性构建了创新网络中非核心企业技术创新能力成长模型，具体如图3－4所示。

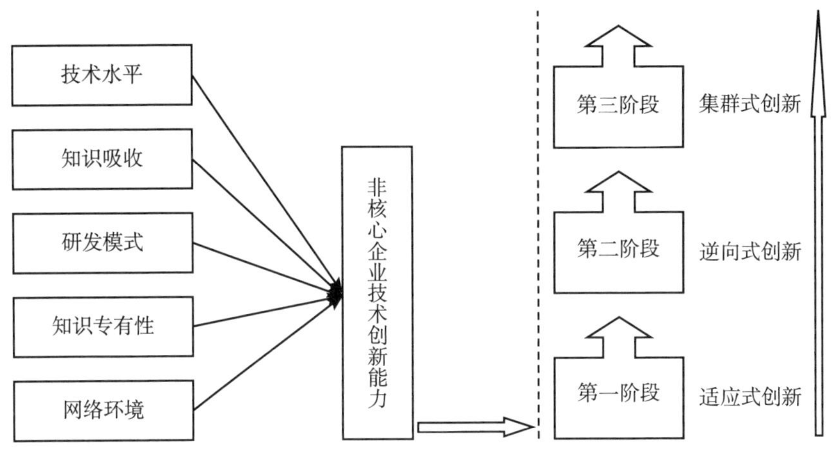

图3－4 创新网络中非核心企业技术创新能力成长模型

第五节 本章小结

在激烈的市场竞争中，技术创新能力的发展是创新网络中非核心企业取得竞争优势的关键因素。特别是技术型非核心企业，为了追赶核心企业和逐步培育起竞争优势，提升非核心企业技术创新能力至关重要。本章首先分析创新网络中非核心企业技术创新能力的相关理论，分别包括企业的技术创新能力分类与成长趋势；其次对比分析创新网络中核心企业与非核心企业在竞争优势及技术创新行为演化的差异；最后对技术水平、知识吸收、研发模式、知识专有性、网络环境与创新网络中非核心企业技术创新能力的关系进行分析，构建本书的研究模型。

第四章

创新网络中非核心企业技术创新能力指标体系构建

第一节　指标设置的原则

一、科学性与实用性相结合

施奈尔（Schneier et al. , 1989）指出，在企业技术创新能力评价指标体系的构建过程中，主要把握指标的本质特征。评价指标不是要加以全面量化，而是要避免评价时的主观臆断及其测量的偏差①。同时，为了综合考虑指标体系构建后对非核心企业技术创新能力测度的指导作用，应综合地考虑各指标之间的选择原则，以及各指标间相互影响和相互制约，主要以指标实际可获取性和可操作性为选择标准，实现指标体系设置的优化。

因此，本书认为创新网络中非核心企业技术创新能力水平评价指标

---

① Schneier. The Role Of the Founder in Creating Organizational Cultual [J]. *Organizational Dynamics*, 1985: 13 -28.

体系的选择首先应建立在科学性和实用性的基础上，指标体系应清晰、明确，同时具有科学含义。二级指标在数学计算时，应简便、可操作，只有这样才能全面和系统地反映创新网络中非核心企业技术创新能力成长的水平和未来发展趋势。创新网络中非核心企业技术能力评价指标体系的创建应满足科学性原则，本书所指的科学性是指两个方面：第一，是指在评价指标设计时，设计的概念、数据来源、内容、单位、计算方法、验证方法等方面须使用科学语言表达，避免产生误解或歧义，这种做法的主要目的是防止在指标数据在设计、收集、整理以及统计的过程中产生误差；第二，是构建的评价指标体系应科学地反映本书所研究的关键问题，即能够科学客观地反映创新网络中非核心企业技术创新能力水平，对于具体评价指标的选取必须要有理论来源，同时还能够系统地、全面地、完整地体现出非核心企业技术创新能力成长趋势与影响因素。

二、指向性与可行性相结合

创新网络中非核心企业技术创新能力评价指标体系的选择要在统计口径和范围方面尽可能保持一致，以保证同一指标在核心企业与非核心企业的可比性。同时，创新网络中非核心企业技术创新能力指标体系的构建要具有一定的针对性，必须能够真实客观地反映当代经济条件下高技术产业非核心企业的规模、技术创新能力成长方向以及影响因素，为政策制定者提供影响创新网络中非核心企业技术创新能力成长的新方法、新观点和新思路，能帮助政府在此原则的指引下推进非核心企业经营过程中的改革与创新，为非核心企业快速健康发展成为核心企业做出贡献。另外，创新网络中非核心企业技术创新能力指标的获取以及构建也要充分考虑到可行性原则。可行性原则主要包括以下几个方面的含义：首先，所获取的指标包括定量化和定型化指标，同时要保证所选指标的真实性。尽量减少定性指标对整体指标体系的影响。其次，需考虑所选指标是否通过问卷调查可获得，对于无法获得的指标，在本书所构建的指标体系中未涉及。最后，所构建的评价指标体系应具有可行性，政策评价体系应层数适中，简单易操作。

三、定性与定量相结合

影响创新网络中非核心企业技术创新能力的因素很多，有些因素无法进行定量评估，只能做定性评价，本书的评价指标体系从总体而言，以定量评价为主、定性为辅。在对非核心企业技术创新能力的测度中，存在着五大影响因素，其中有些因素是可观测和可度量的，如技术水平、知识吸收、知识专有性；而有些因素是非可观测的，如研发模式、网络环境。因此，对创新网络中非核心企业技术创新能力的测度不仅要考虑那些可观测的指标，也必须考虑对非核心企业技术能力产生影响的非可观测因素。构建评价指标体系充分考虑了将定量与定性指标相结合。慎重选择评价体系中的各个指标，对于非可观测的指标，除了采用定性指标的方法进行处理之外，还存在着将这些定量指标综合进行考虑，需充分考虑这些非可观测的指标背后的理论含义以及这些指标对所考察问题的重要性，即这些指标的后果。

第二节　评价指标体系构建

一、技术水平指标

与大中型企业相比，基于创新网络中的非核心企业在创新能力、创新资源等方面存在先天劣势，只有通过与其他创新主体合作才能更有效开展创新工作。技术水平直接影响非核心企业技术创新能力成长，核心企业在对合作伙伴选择的过程中，面临着备选企业能力信息不对称和合作伙伴行动信息不对称等问题[①]。通过对企业家精神、技术创新和经济增长之间的互动关系的分析，GDP、技术创新和创业，这3个因素非核心企业技术水平有积极的影响[②]。孟宪文、丁晋中、李惠（2009）研究了企业技术创新能力、产业集聚能力和区域技术创新能力的关系及其构成效应，集中讨论企业技术创新能力和区域技术创新能力所涉及的要素[③]。李林、袭勇（2014）从创新合作伙伴配合度、创新能力和创新机制3个方面构建攻关项目的创新绩效评价指标体系[④]。惠青、邹艳（2010）认为创新网络中影响企业技术创新能力的因素有知识整合，并对企业技术创新能力起到中介作用，创新网络中的各利益主体之间知识整合有助于创新网络整体技术创新能力的提升[⑤]。王月琴、许治（2012）综合考虑创新网络中各利益主体之间的连接强度与技术水平，通过权衡主义理论认为技术学习策略不仅能获得较高的技术学习效率，而且能有效地降低整个创新网络中核心企业与非核心企业技术差距[⑥]。阳震青、彭润华（2014）基于创新生态观视角下中小企业创新业绩评价的特点，建立创新生态观视角下中小企业创新业绩评价指标体系，将定量指标分为创新生态观视角下中小企业创新经济效益评价、创新技术效益和创新区域生态效益评价3个一级指标，而将定性指标分为组织竞争力评价、创新市场评价、组织制度评价、企业发展战略评价和企业的

---

① 党兴华、王幼林：《技术创新网络中核心企业合作伙伴选择过程研究》，载《科学学与科学技术管理》2007年第1期。

② Miguel – Ángel Galindo, María Teresa Méndez. Entrepreneurship, economic growth, and innovation: Are feedback effects at work? [J]. *Journal of Business Research*, In Press, Corrected Proof, Available online 12 December, 2013.

③ 孟宪文、丁晋中、李惠：《企业技术创新能力与区域技术创新能力的协同性评价》，载《生产力研究》2009年第8期。

④ 李林、袭勇：《攻关项目协同创新绩效评价指标体系设计及应用研究》，载《科技进步与对策》2014年第1期。

⑤ 惠青、邹艳：《产学研合作创新网络、知识整合和技术创新的关系研究》，载《软科学》2010年第3期。

⑥ 王月琴、许治：《产业创新网络中企业技术学习研究》，载《中国软科学》2012年第6期。

满意度评价 5 个一级指标[①]。朱雪春等（2014）指出创新伙伴与企业创新能力提升密切相关[②]。宋东风（2012）发现企业技术创新能力和创新战略对创新绩效均能产生显著影响[③]。根据文献及《沈阳高技术沈阳经济发展状况大调研（高新技术产业）调查问卷》中可获得的数据，提出技术水平指标，即投入水平与产出水平，其中用研发经费增长率表示投入水平；用高技术产品增长率与优势产品技术水平表示产出水平。

二、知识吸收指标

对于非核心企业知识吸收的研究我国大多数学者认为，提高企业知识吸收能力是开放式创新成功的关键因素。目前，我国核心与非核心企业自主创新能力都十分薄弱，对外部知识吸收能力不足[④]。其中，企业知识基础、企业研发活动强度、员工的学习强度和方法、开放的组织文化、企业学习机制对提升潜在吸收能力和实际吸收能力起着重要的作用。张德茗、李艳（2011）提出了创新网络中非核心企业的经验知识、研发投入程度、员工培训与制度支持、创新态度、外部支持等因素影响企业知识吸收能力[⑤]。宁东玲（2012）提出潜在吸收能力对现实吸收能力有正向影响，而且其对应用能力的影响程度大于对转化能力的影响程度[⑥]。解学梅、左蕾蕾（2013）研究结果表明：（1）知识吸收能力与企业创新绩效之间呈正相关关系；（2）创新网络特征的三个维度（网络

---

① 阳震青、彭润华：《创新生态观视角下中小企业协同创新业绩评价研究》，载《市场研究》2014 年第 9 期。

② 朱雪春、陈万明、殷红幸：《企业协同创新伙伴选择研究》，载《中国科技论坛》2014 年第 11 期。

③ 宋东风：《技术能力对企业创新绩效的影响》，载《科技进步与对策》2012 年第 15 期。

④ 陈劲、蒋子军、陈钰芬：《开放式创新视角下企业知识吸收能力影响因素研究》，载《浙江大学学报》（人文社会科学版）2011 年第 9 期。

⑤ 张德茗、李艳：《科技型中小企业潜在知识吸收能力和实现知识吸收能力与企业创新绩效的关系研究》，载《研究与发展管理》2011 年第 6 期。

⑥ 宁东玲：《知识吸收能力构成维度的实证研究》，载《科技进步与对策》2012 年第 6 期。

规模、网络同质性、网络强度）均与企业创新绩效之间呈正相关关系；（3）知识吸收能力在创新网络特征与企业创新绩效之间存在着部分中介效应[①]。非核心企业内部自主研发与产学研合作创新之间的互动、企业的创业导向与吸收能力有助于提升企业的内部研发效率，促进其创新能力由低阶向高阶演化。非核心企业自主研发信心的内生性影响因素，包括外部同行的自主研发示范的负向作用、拥有技术专家以及研发领先的正向作用，企业当前不具备稳定和累积性的内生性自主研发信心。朱华桂、庄晨（2015）认为无论是自主研发还是外部知识获取都对企业生产效率的提高有显著的正向作用，研发合作才能对生产效率的提高有持续的显著影响[②]。根据文献及《沈阳高技术沈阳经济发展状况大调研（高新技术产业）调查问卷》中可获得的数据，本书提出知识吸收指标包含研发人员所占比例、拥有领军型技术人员、引进国内外专家人数与是否设立研发机构。

三、研发模式指标

创新网络发展的过程中，由于技术融合使得网络中各利益主体之间连接的节点增多，当节点大量增多时，各利益主体之间的联系发展成为平等参与的模式，随之产生多种研发模式。此时，创新网络中的核心企业或研究机构在网络中不一定处于主导或控制地位，或者说缺少中间的任何一个环节，创新都将难以顺利进行。由于该种技术创新发展趋势的产生，决定了在创新网络中的核心与非核心企业的技术创新模式日益复杂，跨学科的交融、开发成本的增加、开发人员的限制等情况下，或从技术标准和技术外部性两方面考虑，创新网络中的企业也需要其他大量的企业、高校、研究机构共同参与技术研发，同时，由于信息技术的飞

---

① 解学梅、左蕾蕾：《企业协同创新网络特征与创新绩效：基于知识吸收能力的中介效应研究》，载《南开管理评论》2013 年第 3 期。

② 朱华桂、庄晨：《自主研发、外部知识获取与企业绩效研究》，载《软科学》2015 年第 2 期。

速发展，交易成本在减少，形成一个虚拟的网络组织开始变得可行①。

我国为后发国家，后发国家的非核心企业进行产品与工艺创新活动的意愿随着企业规模增加而逐步增强，核心企业更偏向于自主研发和原始创新，非核心企业更偏向于引进技术和吸收、消化再创新。中等规模企业兼顾自主研发和引进技术。促进中国企业自主创新的政策在小企业和部分中等规模企业中重点是降低其进入中间产品生产与自主研发支出的成本，鼓励其原始创新②。近年来技术引进效率的相对下降不利于总体研发强度提升，却有利于促进企业自主研发，研发环境因素中企业研发密度对自主研发强度具有显著正向作用③。葛沪飞、仝允桓、高旭东（2010）提出企业是否选择自主研发及其自主研发选择的动力与制约因素是自主创新的重要问题之一，将自主研发选择影响因素归纳为主观与客观共5个因素：创新压力、创新信心、创新氛围、研发网络、创新外部依赖④。武忠、杨晓林（2012）认为目前非核心企业技术创新能力整体不足，因此，提出创新网络中的非核心企业若想在激烈的市场竞争中赢得优势，就需要借助创新网络中的知识溢出，实现自身技术创新能力发展目标，同时，能够将新知识再溢出到创新网络中⑤。根据文献及《沈阳高技术沈阳经济发展状况大调研（高新技术产业）调查问卷》中可获得的数据，本书提出研发模式指标，包含开发水平与技术来源，其中，产品开发分为自主研发、委托高校、委托科研院所、与高校和科研院所联合开发、到技术市场购买5种方式，根据每种开发方式所占比重进行打分；技术来源分为自主研发、国外引进与国内引进，按每种来源

① 程铭、李纪珍：《创新网络在技术创新中的作用》，载《科学学与科学技术管理》2001年第8期。

② 张宗庆、郑江：《技术无限供给条件下企业创新行为》，载《管理世界》2013年第1期。

③ 傅晓霞、吴利学：《技术差距、创新环境与企业自主研发强度》，载《世界经济》2012年第7期。

④ 葛沪飞、仝允桓、高旭东：《企业自主研发选择差异及其影响因素实证研究》，载《研究与发展管理》2010年第8期。

⑤ 武忠、杨晓林：《中小企业技术创新网络的知识创造研究》，载《科技进步与对策》2012年第5期。

比重进行打分。

四、知识专有性指标

创新网络内的创新主体是企业，在创新网络内的非核心企业多为中小型企业，它们生产形式灵活，对市场变化具有较强的快速响应能力。创新网络基本形式中，非核心企业是指区域所有中小企业的集合，区域中小企业是创新网络的主体结点、技术创新主体。郝斌、任浩（2011）认为企业间领导力的形成伴随着核心企业网络位置向网络中心迁移，并最终取得网络认同。网络能力构成了企业间领导力的基础，而网络结构和网络规则能够促进能力向领导力转化[①]。黄玮强、庄新田、姚爽（2011）认为创新网络发展具有动态演化性，创新网络中的企业技术创新能力发展也具有动态演化性[②]。叶伟巍、高树昱、王飞绒（2012）研究发现当前技术创业绩效主要倚重分析能力、整合能力和变革能力的发挥[③]。党兴华、王方（2012）认为在创新网络中，核心企业掌握着网络中关键性知识资源，占据着行业的知识权利，因此，核心企业合理运用知识权利对提高非核心企业技术创新能力和提高企业所在网络的整体创新能力起到积极的作用[④]。谢永平、党兴华、毛雁征（2012）认为核心企业领导力对网络协调及知识共享有显著正向影响；网络协调对于知识共享及网络绩效均有促进作用[⑤]。宋晶、陈菊红、孙永磊（2013）认为创新网络中各利益主体的合作效率受到核心企业领导行为的影响，因

---

① 郝斌、任浩：《企业间领导力：一种理解联盟企业行为与战略的新视角》，载《中国工业经济》2011 年第 3 期。

② 黄玮强、庄新田、姚爽：《基于动态知识互补的企业集群创新网络演化研究》，载《科学学研究》2011 年第 10 期。

③ 叶伟巍、高树昱、王飞绒：《创业领导力与技术创业绩效关系研究》，载《科研管理》2012 年第 8 期。

④ 党兴华、王方：《核心企业知识权力运用对技术创新网络关系治理行为的影响》，载《科学学与科学技术管理》2012 年第 12 期。

⑤ 谢永平、党兴华、毛雁征：《技术创新网络核心企业领导力与网络绩效研究》，载《预测》2012 年第 5 期。

此，适度变革领导行为有助于合作效率的提升，提出组织信任的领导风格对合作绩效具有中介影响效应[①]。根据文献及《沈阳高技术沈阳经济发展状况大调研（高新技术产业）调查问卷》中可获得的数据，本书将知识专有性分为有效专利数、专利水平、行业以上标准数和标准水平四项指标。

五、网络环境指标

创新网络环境由行为主体：企业、研究机构、大学、中介机构等构成，当资金、技艺、企业经营哲学、创新能力这些资本和信息相结合时，就会发生创新。倪明、傅利平（2003）认为技术创新的主体企业在过渡阶段时，应该在经营意识中避免急功近利。需要企业在加强内部创新环境建设的同时，要兼顾外部创新环境各因素的利益[②]。曹静、范德成、唐小旭（2010）从要素和过程两个层次来分析创新网络，同时结合技术创新绩效的影响因素，构建了包括合作创新环境、合作创新投入、合作创新产出、合作创新运行和合作创新效果 5 个一级指标组成的产学研结合技术创新绩效评价指标体系[③]。朱建新、冯志军（2009）认为地区发展的创新活力源泉是高技术企业，影响高技术企业创新动力与方向的因素包括政策环境、市场环境、法律环境、社会环境、科学环境等[④]。刘俊杰、付毓维（2009）认为影响高技术企业技术创新的外部环境是一个复杂的系统，将外部环境分为 5 个方面，即法律政策环境、市

① 宋晶、陈菊红、孙永磊：《核心企业领导风格、组织间信任与合作创新绩效的关系研究》，载《中国科技论坛》2013 年第 11 期。

② 倪明、傅利平：《从技术创新环境角度分析技术创新主体的过渡》，载《科学学与科学技术管理》2003 年第 7 期。

③ 曹静、范德成、唐小旭：《产学研结合技术创新绩效评价研究》，载《科技进步与对策》2010 年第 4 期。

④ 朱建新、冯志军：《高新技术企业自主创新环境要素构成及测度研究》，载《科学学与科学技术管理》2009 年第 8 期。

场环境、资源环境、服务环境和社会文化环境①。封伟毅、李建华、赵树宽（2012）提出可以通过加强高技术企业的创新主体地位、加强高技术产业领域的人才培养和研发投入、提高产学研合作水平、完善资金筹集途径，以及合理配置科技经费支出范围等方式来提高高技术产业的竞争力②。汪秀婷等（2012）研究表明，核心企业的创新行为对创新网络绩效有显著正向影响，组织间信任和沟通对核心企业与创新网络绩效间起部分中介作用，以及组织间信任在组织沟通与创新网络绩效间起完全的中介作用③。刘晓燕、阮平南、单晓红（2014）验证技术创新网络具有生命周期的演化特征，创新能力虽然能够提升创新绩效但是不能改变生命周期，只有通过调节学习能力才能够防止网络早衰④。因此，根据文献及《沈阳高技术沈阳经济发展状况大调研（高新技术产业）调查问卷》中可获得的数据，本书将网络环境分为财政支持、优惠政策、经营环境与创新环境。

第三节　评价指标体系确定

由于创新网络中非核心企业技术创新能力类型、选择指标的原则与要求、评价目的、影响因素等存在差异，会形成不同的指标分类体系。考虑到目前还没有一个被广泛认可的评价指标体系，因此，本书根据前文关于创新网络中非核心企业技术创新能力影响因素和发展趋势的分

---

① 刘俊杰、付毓维：《高新技术企业自主创新环境影响因素分析》，载《学术界》2009年第1期。

② 封伟毅、李建华、赵树宽：《技术创新对高技术产业竞争力的影响——基于中国1995～2010年数据的实证分析》，载《中国软科学》2012年第9期。

③ 汪秀婷、杜海波、江澄、张沥之：《技术创新网络中核心企业对创新绩效影响：沟通和信任的中介作用研究》，载《科学学与科学技术管理》2012年第12期。

④ 刘晓燕、阮平南、单晓红：《技术创新网络演化的影响因素仿真分析》，载《科技管理研究》2014年第17期。

析，参考其他学者对技术创新能力评价指标筛选的方法①，同时根据《沈阳高技术沈阳经济发展状况大调研（高新技术产业）调查问卷》中可获得的数据，在借鉴企业技术创新能力评价指标体系的基础上，本书设计并提出“5 要素评价指标网络”，本书共选取 5 个一级指标，即 X_1 技术水平、X_2 知识吸收、X_3 研发模式、X_4 知识专有性与 X_5 网络环境；17 个二级指标，即 q_1 研发经费增长率、q_2 高技术产品增长率、q_3 优势产品技术水平、q_4 研发人员所占比例、q_5 拥有领军型技术人员、q_6 引进国内外专家人数、q_7 是否设立研发机构、q_8 开发水平、q_9 来源水平、q_{10}有效专利总数、q_{11}专利水平、q_{12}行业以上标准总数、q_{13}标准水平、q_{14}财政支持、q_{15}优惠政策、q_{16}经营环境、q_{17}创新环境，具体如表 4 - 1 所示。

表 4 - 1　　创新网络中非核心企业技术创新能力评价指标体系

一级指标	二级指标
X_1 技术水平	q_1 研发经费增长率
	q_2 高技术产品增长率
	q_3 优势产品技术水平
X_2 知识吸收	q_4 研发人员所占比例
	q_5 拥有领军型技术人员
	q_6 引进国内外专家人数
	q_7 是否设立研发机构
X_3 研发模式	q_8 开发水平
	q_9 技术来源
X_4 知识专有性	q_{10}有效专利数
	q_{11}专利水平
	q_{12}行业以上标准数
	q_{13}标准水平

① 范柏乃、单世涛、陆长生：《城市技术创新能力评价指标筛选方法研究》，载《科学学研究》2002 年第 12 期。

续表

一级指标	二级指标
X_5 网络环境	q_{14} 财政支持
	q_{15} 优惠政策
	q_{16} 经营环境
	q_{17} 创新环境

资料来源：笔者整理。

其中，优势产品技术水平分为国际领先、国际先进、国内领先与国内先进，该指标按照技术水平的不同级别进行打分，即国际领先 4 分、国际先进 3 分、国内领先 2 分、国内先进 1 分；产品开发方式分为自主研发、委托高校、委托科研院所、与高校科研单位联合开发、到技术产权交易市场购买 5 种形式，该指标按照调查 1368 家非核心企业技术能力提高影响程度各项选择频次进行打分，自主研发 5 分、与高校科研单位联合开发 4 分、委托高校 3 分、委托科研院所 2 分、到技术产权交易市场购买 1 分；技术来源分为自主研发、国内引进、国内引进、其他 4 种形式，该指标按照调查 1368 家非核心企业技术能力提高影响程度各项选择频次进行打分，自主研发 4 分、国外引进 3 分、国内引进 2 分、其他 1 分；标准水平分为国际标准、国内标准、地方标准与行业标准，按照级别不同进行打分，国际标准 4 分、国家标准 3 分、地方标准 2 分、行业标准 1 分；企业享受到的优惠政策分为高企所得税优惠、研发费用税前加计扣除、企业研发设备加速折旧、技术合同认定登记税收优惠、企业享受的政策 5 个方面，该指标参照调查 1368 家核心企业所享受到优惠政策各项选择频次进行打分，即高企所得税优惠 5 分、研发费用税前加计扣除 4 分、企业享受的政策其他 3 分、技术合同认定登记税收优惠 2 分、企业研发设备加速折旧 1 分；企业在经营过程中主要面临的问题有缺少好项目、缺乏资金、缺少实施项目的技术支持、缺少政府相关政策的扶持、市场需求不旺、所面临的问题 6 项问题，按照问卷调查中 1368 家非核心企业各问题各项选择频次进行打分，即缺乏资

金 -6 分、市场需求不旺 -5 分、缺少政府相关政策的扶持 -4 分、缺少好项目 -3 分、缺少实施项目的技术支持 -2 分、所面临的问题是其他 -1 分；非核心企业在技术创新中面临的瓶颈问题有优秀人才难求、成果转化不畅、创业环境欠佳、行业进入门槛高、对政府相关政策和获取支持方式不够了解、创新中的瓶颈问题6 项问题，按照问卷调查1368家非核心企业各问题各项选择频次进行打分，即优秀人才难求 -6 分、对政府相关政策和获取支持方式不够了解 -5 分、创业环境欠佳 -4 分、行业进入门槛高 -3 分、成果转化不畅 -2 分、创新中的瓶颈问题其他 -1 分。该评价指标体系的评价指标涵盖面广和内在逻辑性强，数量繁简适中，具有较强的可操作性，可以用来测度和分析创新网络中非核心企业技术创新能力。

第四节　本章小结

在经济全球化背景下，有关创新网络中企业技术创新能力追赶与成长问题的研究受到越来越多学者的关注，探讨非核心企业技术创新能力的评价指标体系势在必行。本章根据前面关于创新网络中企业技术创新能力的分类、成长趋势、创新行为演化、影响机理分析，在借鉴企业创新能力评价指标体系与研究指标可获得的基础上，本书设计并提出“5要素评价指标网络”，5 个一级指标即技术水平、知识吸收、研发模式、知识专有性与网络环境。

第五章

创新网络中非核心企业技术创新能力样本分析

第一节　样本数据描述

一、研究数据来源

本书选取的数据来源于《沈阳经济发展状况大调研（高新技术产业）调查问卷》，共调查了1379家高新技术企业，其中涉及先进装备制造业、节能环保产业、新能源产业、汽车产业、航空航天、电子信息、现代农业、医药制造业、新材料产业、高技术服务业、技术领域及其他11个相关产业，规模以下企业1136家，规模以上企业243家。参与调查的企业来自沈阳各区及周边县市。调查内容主要包括企业所属行业、从事的技术领域，2004年、2014年和2015年基本经济数据，产品数量，优势产品数量，优势产品技术水平，资金来源，市级以上财政支持，经营所面临的问题，研发机构，技术来源，产品开发方式，有效专利，享受的优惠政策，技术领军人才，研发人员，瓶颈问题及需要得到的服务15大项内容。

二、样本基本信息

对沈阳高技术产业的1379家企业进行数据分析可知，研究样本中，先进装备制造业的企业有237家，占总样本的16%；节能环保产业有75家，占比5%；新能源企业有49家，占比3%；汽车产业的企业有49家，占比5%；航空航天行业的企业有15家，占比1%；电子信息企业有79家，占比6%；现代农业企业有61家，占比4%；医药制造业的企业有39家，占比3%；新材料企业有102家，占比7%；高技术服务业的企业有37家，占比3%；企业属于其他领域有689家，占比47%。数据表明，先进装备制造业相比其他高技术产业中企业数量较高，即目前先进装备制造业中企业的技术创新水平将会对沈阳地区经济发展起到至关重要的作用。同时，沈阳高技术产业中的企业目前除先进装备制造业外，其他各行业企业数量均等，并且数量较少，在未来发展趋势良好的高技术服务业、电子信息、新材料等产业上，均有不到10%的企业从事该行业。在高技术领域企业中，国有企业有41家，仅占比3%；私营企业有1338家，97%的企业属于私营企业。可见，目前沈阳国有企业仍以大型制造加工工厂为主，仅有少数国有企业涉足先进装备制造业、航空航天产业等。规模以上的企业有1136家，占比82%，可见高技术企业大部分属于规模以上的企业。数据表明，沈阳高技术产业已初具发展规模，这82%规模以上企业中，必将产生高技术产业核心企业（如表5-1所示）。

表5-1　　调查样本基本情况

项目	行业	企业数量（个）	占比（%）
行业	先进装备制造业	237	17
	节能环保产业	75	5
	新能源产业	49	3
	汽车产业	70	5

续表

项目	行业	企业数量（个）	占比（%）
行业	航空航天	15	1
	电子信息	79	5
	现代农业	61	4
	医药制造业	39	3
	新材料产业	102	7
	高技术服务业	37	3
	技术领域其他	689	47
规模	规模以上企业	1136	82
	规模以下企业	243	18
经济类型	国有/集体企业	41	3
	其他私营企业	1338	97

资料来源：笔者整理。

沈阳高技术产业企业的经济类型主要分为国有企业、集体企业、私营企业、港澳台商投资企业、外商投资企业与其他类型，通过对企业经济类型数据统计可知，私营企业占比77%，私营企业中大部分为规模以上企业；国有企业仅有32家，占比2%；而港澳台商投资与外商投资的企业占总样本的4%（如表5－2所示）。由表5－2可知目前沈阳高技术产业的企业中，主要以私营企业、港澳台商与外商投资企业为主，同时，大部分为规模以上企业。沈阳作为振兴老工业基地的重要地区，高技术产业作为科技创新发展的重要领域，国有企业却鲜有涉足，可见，高技术产业中的国有企业技术创新能力提高是促进东北地区经济发展的关键环节。

表5－2　　样本规模分布情况

项目	国有企业	集体企业	私营企业	港澳台商投资	外商投资	企业属于其他
规模以上（个）	2	6	822	51	115	60

续表

项目	国有企业	集体企业	私营企业	港澳台商投资	外商投资	企业属于其他
规模以下（个）	30	3	175	1	12	22
合计（个）	32	9	997	52	127	82
占比（%）	2	1	77	4	10	6

资料来源：笔者整理。

对沈阳高技术产业的1379家企业是否为高技术企业进行数据分析可知，国有企业中的高技术企业有19家，集体企业中的高技术企业有1家，私营企业中的高技术企业有150家，港澳台商投资的高技术企业有9家，外商投资的高技术企业有21家，其他经济类型的高技术企业有31家（如表5-3所示）。数据表明，虽然国有企业在高技术产业中数量较少，但是由于国有企业本身相对于私营企业具有较大的经营优势，因此，一旦国有企业进入高技术产业，将会快速成为高技术企业。私营企业虽然在高技术产业中数量众多，但是仅有少数私营企业属于高技术企业，大部分的私营企业仍非高技术企业，即私营企业数量多，质量差。同时，港澳台商投资与外商投资的企业中高技术企业数量也较少。可见，国有企业相对其他经济类型的企业仍具有巨大发展优势与发展潜力。

表5-3　样本高技术企业分布情况

项目	国有企业	集体企业	私营企业	港澳台商投资	外商投资	企业属于其他
高技术企业（个）	19	1	150	9	21	31
非高技术企业（个）	13	8	847	43	106	51
合计（个）	32	9	997	52	127	82
占比（%）	2	1	77	4	10	6

资料来源：笔者整理。

通过对高技术企业中有无高技术产品的数据分析可知，国有企业中有高技术产品的企业有23家，集体企业中有高技术产品的企业有2家，私营企业中有高技术产品的企业有373家，港澳台商投资的企业中有高技术产品的企业有16家，外商投资的企业中有高技术产品的企业有38家，其他经济类型的企业中有高技术产品的企业有50家（如表5－4所示）。数据表明，与是否为高技术企业的数据分析相似，国有企业虽然数量少，但是大部分国有企业均能够生产高技术产品，而其他类型的企业虽然数量众多，但是能够生产高技术产品的企业数量却较少。

表5－4 样本高技术产品分布情况

项目	国有企业	集体企业	私营企业	港澳台商投资	外商投资	企业属于其他
有高技术产品（个）	23	2	373	16	38	50
无高技术产品（个）	9	7	624	36	89	32
合计（个）	32	9	997	52	127	82
占比（%）	2	1	77	4	10	6

资料来源：笔者整理。

沈阳高技术产业的企业分布在先进装备制造业的企业有237家，同时189家先进装备制造业的企业为规模以上，占较大比重；节能环保产业中规模以上的企业为51家，新能源产业中规模以上的企业有43家，汽车产业中规模以上的企业有61家，航空航天产业中规模以上的企业有8家，电子信息产业中规模以上的企业有44家，现代农业中规模以上的企业有49家，医药制造业中规模以上的企业有32家，新材料业中规模以上的企业有93家，高技术服务业中规模以上的企业有15家，其他技术领域中规模以上的企业有604家（如表5－5所示）。数据表明，先进装备制造业、节能环保产业、新能源产业、汽车产业、新材料产业、现代农业、医药制造业中大部分企业为规模以上，而航空航天、高技术服务业中的企业规模以下所占比例较大，可知，先进装备制造业目前是沈阳经济发展的支柱型产业。

表 5－5　　样本产业分布情况　　单位：个

项目	先进装备制造业	节能环保产业	新能源产业	汽车产业	航空航天	电子信息	现代农业	医药制造业	新材料产业	高技术服务业	技术领域其他
规模以上	189	51	43	61	8	44	49	32	93	15	604
规模以下	48	24	6	9	7	35	12	7	9	22	85
合计	237	75	49	70	15	79	61	39	102	37	689

资料来源：笔者整理。

对沈阳高技术产业中的企业技术创新能力进行数据分析可知，规模以上设立研发机构的企业有 373 家，占比 73%；规模以下设立研发机构的企业有 135 家，占比 27%。国有企业设立研发机构的有 22 家，占比 4%（如表 5－6 所示）；私营企业设立研发按机构的有 486 家，占比 96%，有效专利与标准数量中规模以下企业远远高于规模以上企业，私营企业远远高于国有企业。数据表明，目前沈阳高技术产业企业的技术创新能力整体呈现出以规模以上的私营企业为主的现状。

表 5－6　　企业技术创新基本情况

项目	规模				经济类型			
	规模以上企业（个）	占比（%）	规模以下企业（个）	占比（%）	国有企业（个）	占比（%）	私营企业（个）	占比（%）
设立研发机构	373	73	135	27	22	4	486	96
有效专利数量	4089	82	892	18	762	7	9641	93
行业以上标准数量	5884	36	10648	64	279	2	16253	98

资料来源：笔者整理。

有关高技术企业技术创新平均投入产出数据表明，规模以上企业基础创新平均投入与产出指标小于规模以下企业，国有企业技术创新平均投入与产出各指标也大于私营企业，出现这种情况主要是由于规模以上企业与私营企业数量远远大于规模以下企业与国有企业数量（如表5－7所示）。

表5－7　　企业技术创新平均投入产出情况　　单位：%

项目	规模		经济类型	
	规模以上企业	规模以下企业	国有企业	私营企业
研发人员占员工总数比例	1.3	3.8	0.4	9.8
研发投入占销售收入比例	0.1	2.4	14.5	0.1
高技术产品产值占总产值比例	1.3	9.2	62	1.5

资料来源：笔者整理。

第二节　样本数据分析

一、研究样本分类

首先对沈阳高技术产业中1379家企业进行核心企业与非核心企业分类。本书曾尝试使用聚类分析进行数据处理，但是效果不明显。因此，核心企业与非核心企业分类主要采用数据筛选的方式。在创新网络中非核心企业技术创新能力成长经历适应式、逆向式、集群式创新3阶段，其中影响非核心企业技术创新能力与创新行为演化的关键因素主要是技术水平、知识吸收、研发模式、知识专有性与网络环境，结合理论分析，构建非核心企业与核心企业分类评价指标体系（如表5－8所示）。

表 5-8　　　　　　　　　　　　样本分类指标

技术水平			知识吸收		研发模式			知识专有性			网络环境	
高新技术产品增长率	研发经费增长率	优势产品的技术水平	研发人员所占比例	拥有领军型技术人员	设立研发机构	产品开发方式	技术来源	有效专利数	发明专利	行业标准数	财政支持	其他优惠政策

资料来源：笔者整理。

其中，用高新技术产品和研发经费增长率两项指标衡量技术水平；用研发人员所占比例和拥有领军型技术人员数两项指标衡量知识吸收能力；通过设立研发机构（是或否）、产品开发方式（自主研发、委托高校、委托科研院所、到技术市场购买或其他）、技术来源（自主研发、国内引进、国外引进或其他）三方面表示研发模式；用有效专利数、发明专利数和行业标准数 3 项指标衡量知识专有性；通过获得政府财政支持（专项资金或其他）与其他优惠政策（高企所得税优惠、研发费用税前加计扣除、企业研发设备加速折旧、技术合同认定登记税收优惠或其他）两方面表示政策环境。由于核心企业相对于非核心企业具有技术水平高、知识吸收能力强、主要采取自主研发模式、企业控制力强与受到政府政策支持等特点，所以本书选取技术水平、知识吸收、研发模式、知识专有性与网络环境 5 项指标占比均高于样本平均值的企业定义为核心企业，剩余企业定义为非核心企业。

经数据筛选，研究样本的 1379 家企业中符合条件的核心企业有 11 家，占样本的 0.8%。非核心企业 1368 家，占样本的 92%（如表 5-9 所示），核心企业均属于私营企业，主要分布在先进制造业、现代农业、医药制造业、新材料与其他高技术领域。非核心企业分布在高技术产业的各个行业，其中半数非核心企业属于其他高技术领域，在节能环保、新能源、汽车、航空航天、电子信息、现代农业、医药制造、新材料与高技术服务业中鲜有非核心企业。换言之，在创新网络中核心企业位于网络中心位置，众多非核心企业受控于核心企业，为核心企业提供配套及代工服务。

表 5 -9　　核心与非核心企业基本情况

企业	数量（个）	占比（%）	经济类型	数量（个）	行业	占比（%）
核心企业	11	0.8	私营	11	先进装备制造业	45.5
					现代农业	9.1
					医药制造业	9.1
					新材料产业	18.2
					技术领域属于其他	18.2
非核心企业	1368	99.2	国有	32	先进装备制造业	16.09
			私营	1336	节能环保产业	5.20
					新能源产业	3.40
					汽车产业	4.85
					航空航天	1.04
					电子信息	5.48
					现代农业	4.16
					医药制造业	2.64
					新材料产业	6.93
					高技术服务业	2.57
					技术领域其他	47.64

资料来源：笔者整理。

核心企业与非核心企业的经济类型分布存在较大差异，通过表 5 -10 显示可知，核心企业中无国有企业、集体企业与外商投资企业，11 家核心企业中私营企业有 7 家，占很大比重，可见目前创新网络中的核心企业大部分为私营企业，而作为规模较大的国有企业与集体企业却属于非核心企业，换言之，高技术产业中的国有企业与集体企业均非技术型企业，而是生产型企业。

表 5 - 10　　经济类型分布情况

企业	样本总数（个）	国有企业（个）	集体企业（个）	私营企业（个）	港澳台商投资（个）	外商投资（个）	企业属于其他（个）	占比（%）
非核心企业	1368	32	9	990	51	127	80	99.2
核心企业	11	0	0	7	1	0	2	0.8
全部	1379	32	9	997	52	127	82	100

资料来源：笔者整理。

核心企业与非核心企业产业分布情况也存在较大差异。据表 5 - 11、表 5 - 12 显示可知，核心企业主要分布在先进装备制造业、新材料产业与技术其他领域，少数核心企业在现代农业与医药制造业，表明目前沈阳高技术产业中发展水平较高的产业为先进装备制造业与新材料产业。同时，非核心企业分布在高技术产业的各个领域，其中，占比最高的产业为先进装备制造业，可知先进装备制造业虽然现阶段发展态势良好，但是仍有巨大发展空间。

表 5 - 11　　产业分布情况 1　　单位：个

企业	先进装备制造业	节能环保产业	新能源产业	汽车产业	航空航天	电子信息	现代农业	医药制造业	新材料产业	高技术服务业	技术领域其他	合计
非核心企业	232	75	49	70	15	79	60	38	100	37	687	1368
核心企业	5	0	0	0	0	0	1	1	2	0	2	11
全部	237	75	49	70	15	79	61	39	102	37	689	1379

资料来源：笔者整理。

表 5-12　　产业分布情况 2　　单位：%

企业	先进装备制造业	节能环保产业	新能源产业	汽车产业	航空航天	电子信息	现代农业	医药制造业	新材料产业	高技术服务业	技术领域其他	合计
非核心企业	17	5	4	5	1	6	4	3	7	3	50	100
核心企业	45	0	0	0	0	0	9	9	18	0	18	100

资料来源：笔者整理。

二、样本差异分析

1. 技术水平

由于非核心企业受控于核心企业，主要为核心企业提供配套产品，非核心企业技术投入与产出情况呈负增长趋势，核心企业则呈正增长趋势。调查表明，非核心企业应增加其研发经费投入，提高其高技术产品产量，从而达到提高其技术水平（如表 5-13 所示）。非核心企业在技术投入、创新产出和总体技术水平均与核心企业存在很大差距。由于受到近年来经济发展周期影响，非核心企业技术投资水平较低，处于负增长区间，而作为重要创新产出的高技术产品增长速度 2014 年较上年下降了 11%，而核心企业的上述两个指标保持着增长势头。

表 5-13　　技术投入与产出情况　　单位：%

企业	高新技术产品增长率	研发经费增长率
非核心企业	-11	-5
核心企业	4	4

资料来源：笔者整理。

91% 的核心企业拥有优势产品，大多数核心企业优势产品技术水平处于国际先进与国内领先水平，而仅 54% 的非核心企业拥有优势产品，技术水平多数处于国内领先与先进级别，调查表明，非核心企业优势产品与技术水平有大幅度提高的空间（如表 5－14 所示）。

表 5－14　　优势产品与水平情况　　单位：%

企业	优势产品所占比例	优势产品技术水平				
		国际领先	国际先进	国内领先	国内先进	合计
非核心企业	54	4	9	31	56	100
核心企业	91	9	21	60	10	100

资料来源：笔者整理。

2. 知识吸收

由于企业规模相对较小，仅有少数非核心企业拥有研发人员，非核心企业研发人员所占比例仅为 9%，拥有国内领军型技术人员比例为 13%，知识吸收能力较差。而核心企业具有大量的研发人员，同时大多数核心企业均引进国内外专家拥有领军型技术人员。在股权激励方面，核心企业占比大于非核心企业，股权激励政策为核心企业聚集高端人才，增加知识积累和提高知识吸收能力创造了条件（如表 5－15 所示）。

表 5－15　　技术创新人力资本投入情况　　单位：%

企业	研发人员所占比例	国内领军型技术人员	进行股权激励	引进国内外技术专家
非核心企业	9	13	5.4	14
核心企业	38	100	9.1	64

资料来源：笔者整理。

3. 研发模式

核心企业自主研发能力远远高于非核心企业。所有核心企业均设立研发机构，而仅有不到半数的非核心企业设立研发机构。其中，核心企业技术来源主要采用自主研发和国外引进，非核心企业技术来源主要来自三种方式，即自主研发、国内引进和其他，并且其他项所占比例为26%，可知由于不同非核心企业配套不同的核心企业，因此，与核心企业相比在技术来源上存在较大差异（如表5－16所示）。

表5－16　　　　自主研发情况　　　　单位：%

企业	设立研发机构所占比例	技术来源				
		自主研发	国内引进	国外引进	其他	合计
非核心企业	36	36	26	2	26	100
核心企业	100	40	60	0	0	100

资料来源：笔者整理。

核心企业产品开发方式主要采取自主研发和与高校科研单位联合开发方式，不采用技术购买和委托开发方式；非核心企业也很重视自主研发，但是其研发模式更加多样化（如表5－17所示）。

表5－17　　　　产品开发方式情况　　　　单位：%

企业	自主研发	委托高校	委托科研院所	与高校科研单位联合开发	到技术产权交易市场购买	其他	合计
非核心企业	53	2	4	10	6	25	100
核心企业	58	0	0	37	0	5	100

资料来源：笔者整理。

4. 知识专有性

专利分布情况数据显示，在专利水平分布上核心企业与非核心企业存在很大差异（如表5－18所示）。所有核心企业都拥有有效专利，而且拥有的都是国外专利，其中发明专利所占比重接近90%。相比较，非核心企业拥有有效专利的企业所占比例仅为33%，92%的专利为国内专利，发明专利仅占其拥有专利的 25%。这些结果意味着，非核心企业的技术受控性非常大，短时间难以实现技术追赶和赶超，在本地的高技术产业创新网络中居于从属地位。

表 5－18　专利分布情况　单位：%

企业	有效专利所占比例	专利分布							
		国内专利	国外国际专利	合计	发明专利	实用新型专利	外观设计专利	其他专利	合计
非核心企业	33	92	8	100	25	46	13	16	100
核心企业	100	0	100	100	86	6	3	4	100

资料来源：笔者整理。

所有核心企业均有行业以上标准，而仅 28% 的非核心企业有行业以上标准，但是非核心企业中有国际标准占比 9%，核心企业无国际标准。核心企业的行业标准主要是地方与国家级别，而大量的非核心企业行业标准占据国际、地方和行业各级别。这表明，非核心企业在核心企业占优的领域，并未进行直接竞争；相反，通过“走出去”的技术路线而另辟蹊径（如表 5－19 所示）。

表 5－19　形成行业以上标准情况　单位：%

企业	行业以上标准所占比例	标准水平				
		国际	国家	地方	行业	合计
非核心企业	28	9	29	19	43	100
核心企业	100	0	50	0	50	100

资料来源：笔者整理。

5. 网络环境

获得市级以上财政支持方面的数据显示可知，政府对非核心企业支持力度大大增强，非核心企业获得比例远远大于核心企业。相对于核心企业而言，非核心企业获得财政支持的比例仅为24%，远远低于核心企业的91%；获得专项资金支持的非核心企业所占比例，也远远低于核心企业（如表5－20所示）。

表5－20　获得市级以上财政支持分布情况　单位：%

企业	获得财政支持所占比例	资金来源		
		专项资金	其他	合计
非核心企业	24	16	84	100
核心企业	91	58	42	100

资料来源：笔者整理。

在享受优惠政策方面，非核心企业与核心企业没有太大的差别，高技术企业所得税优惠、研发费用税前加计扣除是企业获得优惠政策的两种主要途径。由于核心企业相对于非核心企业具有较大经营优势，因此核心企业享受高企所得税优惠比例远远大于非核心企业，同时，非核心企业享受研发设备折旧优惠而核心企业不享有该项政策（如表5－21所示）。

表5－21　享受优惠政策情况　单位：%

企业	高企所得税优惠	研发费用税前加计扣除	企业研发设备加速折旧	技术合同认定登记税收优惠	企业享受的政策其他	合计
非核心企业	40	22	7	7	25	100
核心企业	57	21	0	7	14	100

资料来源：笔者整理。

企业发展到核心阶段，在技术创新中所需要得到的服务主要是政府相关政策支持、各类科技信息、组织上下游产业联盟交流和各类专题活动，而作为非核心企业所有有利于企业经营发展的服务均需要（如表5-22所示）。

表5-22　企业在技术创新中需要得到服务情况　单位：%

企业	高新技术企业认定	各级科技创新专项资金申报	提供各类资金服务	提供政策支持服务	提供各类科技信息	推荐合适的技术成果	解决各类技术难题	组织上下游产业联盟促进交流	组织各类专题活动	提供生产试验场地	合计
非核心企业	9	13	17	20	12	7	5	6	5	4	100
核心企业	4	11	9	15	13	6	9	13	13	6	100

资料来源：笔者整理。

核心企业与非核心企业在经营过程中面临的问题有较大差异，当企业处于非核心阶段，经营过程中所有问题都将影响企业发展，而当企业发展到核心阶段，经营过程中面临的主要问题则主要是缺乏资金和政府相关政策的扶持，而缺少实施项目的技术支持仅占7%，可知，沈阳高技术产业核心企业非技术推动型企业，自身拥有强大的技术创新能力（如表5-23所示）。

表5-23　经营过程中面临问题分布情况　单位：%

企业	缺少好项目	缺乏资金	缺少实施项目的技术支持	缺少政府相关政策的扶持	市场需求不旺	所面临的问题是其他	合计
非核心企业	13	27	11	19	21	10	100
核心企业	13	40	7	27	0	13	100

资料来源：笔者整理。

非核心企业和核心企业在技术创新中均面临优秀人才难求、创业环境欠佳、行业进入门槛高和对政府相关政策不了解的问题，同时核心企业由于产品技术水平较高，因此成果转化不畅问题高于非核心企业（如表5－24所示）。

表5－24　企业在技术创新中的瓶颈问题情况　单位：%

企业	优秀人才难求	成果转化不畅	创业环境欠佳	行业进入门槛高	对政府相关政策和获取支持方式不够了解	创新中的瓶颈问题及其他	合计
非核心企业	29	11	19	13	20	8	100
核心企业	27	15	19	12	27	0	100

资料来源：笔者整理。

第三节　本章小结

在创新网络中，处于网络中心的少数核心企业控制着大量的非核心企业，目前多数学者的研究基于核心企业的视角，鲜有对非核心企业的研究。核心企业在创新网络中占据重要地位，但是若没有非核心企业支撑与配合，创新网络中的核心企业也难以顺利发展，因此本书以非核心企业为研究对象，通过对《沈阳经济发展状况大调研（高新技术产业）调查问卷》中的1379家企业数据分析可知，核心企业与非核心企业在企业规模、所处行业、技术创新能力与企业发展面临问题等方面存在差异。分别对研究样本的1379家企业的基本分布情况、技术创新情况进行分析梳理，通过创新能力、自主研发、知识吸收、知识专有性、网络环境5方面指标筛选出核心企业11家、非核心企业1368家，又分别分析核心企业与非核心企业在基本情况、技术创新及面临问题等方面的差异。通过对沈阳高技术产业核心企业与非核心企业的基本情况与技术创新能力等相关数据梳理及分析可知，目前在创新网络中，少数核心企业处于网络中心位置，控制着大量的非核心企业，非核心企业基本属于规模以下的非高技术企业，为核心企业提供配套与代工服务，技术创新能力各项指标均在核心企业之下，同时，由于企业发展程度的差异，非核心企业与核心企业在同样发展环境中，面临的经营问题、自主创新中的瓶颈问题、需要得到的服务等千差万别。通过对非核心企业技术创新能力各影响因素的分析表明，非核心企业若想发展成为核心企业，首先须增强技术水平、知识吸收、自主研发、知识专有性与网络环境五个方面，从而提高非核心企业技术创新能力。

第六章

创新网络中非核心企业技术创新能力实证分析

第一节　非核心企业技术创新能力水平分析

一、因子分析

因子分析是一种体现“降维”思想的多元统计分析方法。大多数研究鲜有只取一个解释变量来解释某一问题，因为，一个变量所提供的信息量是有限的，因此，多数研究采用选取多变量解释的方法，变量越多，信息量越大，使研究更加充分，但是与此同时，变异性也越大。因子分析的基本思想是将选的多项变量运用“降维”手段将其变成较少变量，使研究更加简单易懂，但是又不失原有多变量的信息。因此，本书运用因子分析方法检验影响因素各变量对技术创新能力的影响程度，然后通过计算 F 值，分析现阶段沈阳高技术产业中的非核心企业技术创新能力水平。目前，通行的做法是以 KMO 值做因子分析前检验指标之一，KMO 在 0.9 以上，非常适合做因子分析；在 0.8 ~0.9 之间，适合；在 0.7 ~0.8 之间，比较适合；在 0.6 ~0.7 之间，尚可；在 0.5 ~0.6 之间，不太适合；在 0.5 以下表示各指标不适合，须重新修订。通过对影响非核心企业技术创新能力的 17 项因素进行 KMO 检验，表 6 - 1 显示 KMO 值为 0. 742，说明本书的指标较适合做因子分析（如表 6 - 1 所示）。

表 6 - 1　　KMO 和 Bartlett 的检验

取样足够度的 Kaiser - Meyer - Olkin 度量		0. 742
Bartlett 的球形度检验	近似卡方	2897. 663
	df	136
	Sig.	0. 000

资料来源：笔者整理。

表 6 - 2 中相关系数矩阵的特征值，包括三项：（1）各因子的特征值，从大到小排列，第一个因子特征值为 2. 609，第二个因子特征值为 1. 586，第三个因子特征值是 1. 436，第四个因子特征值是 1. 270，第五个因子特征值是 1. 131，第六个因子特征值是 1. 094，第七个因子特征值是 1. 047。（2）"方差贡献率（%）"为因子所解释的方差占总方差的百分比。（3）"累积贡献率（%）"为各因子方差占总方差百分比的累计百分比，即累计方差贡献率为 80. 839%。主成分提取结果，是经旋转的因子载荷的平方和，给出了提取出的每个因子的特征值、方差占总方差的百分比以及累计百分比，前 7 个因子所解释的方差达到 80. 839%。前两个项特征值的累计贡献率 80. 839% >80. 000%，说明前 7 个因子基本包含了全部指标具有的信息，再结合因子特征值大于 1 这一原则，所以最终选取这 7 个因子为作为评价的综合指标。

表 6 - 2　　解释的总方差

成分	初始特征值			提取平方和载入		
	合计	方差贡献率（%）	累积贡献率（%）	合计	方差贡献率（%）	累积贡献率（%）
1	2. 609	24. 509	24. 509	2. 609	24. 509	24. 509
2	1. 586	9. 180	33. 689	1. 586	9. 180	33. 689

续表

成分	初始特征值			提取平方和载入		
	合计	方差贡献率（%）	累积贡献率（%）	合计	方差贡献率（%）	累积贡献率（%）
3	1.436	8.434	42.123	1.436	8.434	42.123
4	1.270	17.539	59.662	1.270	17.539	59.662
5	1.131	7.387	67.049	1.131	7.387	67.049
6	1.094	6.520	73.569	1.094	6.520	73.569
7	1.047	7.270	80.839	1.047	7.270	80.839
8	0.994	1.845	82.684			
9	0.915	2.38	85.064			
10	0.853	5.02	90.084			
11	0.849	2.995	93.079			
12	0.744	1.376	94.455			
13	0.679	0.992	95.447			
14	0.605	0.557	96.004			
15	0.441	1.592	97.596			
16	0.431	1.538	99.134			
17	0.317	0.866	100.000			

资料来源：笔者整理。

根据因子系数得分矩阵（见表6－3）可得到所选因子与指标的线性组合方程，如下：

表6－3　　因子得分系数矩阵

指标	成分						
	1	2	3	4	5	6	7
q_1	－0.001	0.027	－0.007	0.032	0.626	－0.006	－0.025
q_2	0.013	－0.038	0.010	－0.031	0.622	0.019	－0.012
q_3	－0.015	－0.096	－0.014	0.540	－0.014	0.132	－0.106
q_4	－0.020	－0.012	0.487	0.011	－0.034	－0.005	－0.235

续表

指标	成分						
	1	2	3	4	5	6	7
q_5	-0.007	0.012	0.556	0.028	0.028	-0.100	0.084
q_6	0.055	0.038	0.360	-0.035	0.005	0.280	0.505
q_7	0.313	0.008	-0.001	0.051	-0.030	0.104	-0.003
q_8	0.338	0.001	-0.005	-0.076	0.028	-0.194	0.047
q_9	0.334	0.008	0.025	-0.008	0.001	-0.048	0.069
q_{10}	0.111	-0.023	-0.067	0.077	-0.013	0.175	-0.188
q_{11}	0.186	0.310	-0.009	-0.152	0.001	0.128	-0.162
q_{12}	0.143	-0.044	-0.025	-0.360	0.096	0.455	0.084
q_{13}	0.038	0.546	0.033	-0.059	0.001	0.065	-0.039
q_{14}	0.027	0.105	0.035	0.523	0.059	-0.037	0.117
q_{15}	0.135	-0.472	0.028	-0.222	0.015	0.141	-0.138
q_{16}	-0.119	0.044	-0.033	0.200	-0.046	0.680	-0.044
q_{17}	-0.004	-0.026	-0.118	0.008	-0.034	-0.052	0.708

提取方法：主成分。旋转法：具有 Kaiser 标准化的正交旋转法。
资料来源：笔者整理。

$$\begin{aligned} f_1 = & -0.001q_1 + 0.013q_2 - 0.015q_3 - 0.02q_4 - 0.007q_5 + 0.055q_6 \\ & + 0.313q_7 + 0.338q_8 + 0.334q_9 + 0.111q_{10} + 0.186q_{11} \\ & + 0.143q_{12} + 0.038q_{13} + 0.027q_{14} + 0.135q_{15} - 0.119q_{16} \\ & - 0.004q_{17} \end{aligned}$$

$$\begin{aligned} f_2 = & 0.027q_1 - 0.038q_2 - 0.096q_3 - 0.012q_4 + 0.012q_5 + 0.038q_6 \\ & + 0.008q_7 + 0.001q_8 + 0.008q_9 - 0.023q_{10} + 0.31q_{11} \\ & - 0.044q_{12} + 0.546q_{13} + 0.105q_{14} - 0.472q_{15} + 0.044q_{16} \\ & - 0.026q_{17} \end{aligned}$$

$$\begin{aligned} f_3 = & -0.007q_1 + 0.01q_2 - 0.014q_3 + 0.487q_4 + 0.556q_5 + 0.36q_6 \\ & - 0.001q_7 - 0.005q_8 + 0.025q_9 - 0.067q_{10} - 0.009q_{11} \end{aligned}$$

$$-0.025q_{12}+0.033q_{13}+0.035q_{14}+0.028q_{15}-0.033q_{16}-0.118q_{17}$$

$$f_4=0.032q_1-0.031q_2+0.54q_3+0.011q_4+0.028q_5-0.035q_6+0.051q_7-0.076q_8-0.008q_9+0.077q_{10}-0.152q_{11}-0.36q_{12}-0.059q_{13}+0.523q_{14}-0.222q_{15}+0.2q_{16}+0.008q_{17}$$

$$f_5=0.626q_1+0.622q_2-0.014q_3-0.034q_4+0.028q_5+0.005q_6-0.03q_7+0.028q_8+0.001q_9-0.013q_{10}+0.001q_{11}+0.096q_{12}+0.001q_{13}+0.059q_{14}+0.015q_{15}-0.046q_{16}-0.034q_{17}$$

$$f_6=-0.006q_1+0.019q_2+0.132q_3-0.005q_4-0.1q_5+0.28q_6+0.104q_7-0.194q_8-0.048q_9+0.175q_{10}+0.128q_{11}+0.455q_{12}+0.065q_{13}-0.037q_{14}+0.141q_{15}+0.68q_{16}-0.052q_{17}$$

$$f_7=-0.025q_1-0.012q_2-0.106q_3-0.235q_4+0.084q_5+0.505q_6-0.003q_7+0.047q_8+0.069q_9-0.188q_{10}-0.162q_{11}+0.084q_{12}-0.039q_{13}+0.117q_{14}-0.138q_{15}-0.044q_{16}+0.708q_{17}$$

通过分析可知，影响非核心企业技术创新能力有 7 个因子，其中，因子 1 在开发水平、技术来源水平上有较大载荷，命名为研发模式因子；因子 2 在标准水平、专利水平上有较大载荷，命名为知识专有性因子；因子 3 在引进国内外技术专家人数、研发人员所占比例、拥有领军型技术人员上有较大载荷，命名为知识吸收因子；因子 4 在优势产品水平、财政支持上有较大载荷，命名为财政政策因子；因子 5 在研发经费增长率、高新技术产品增长率上有较大载荷，命名为技术水平因子；因子 6 在经营中面临的问题上有较大载荷，命名为经营环境因子；因子 7 在自主创新中的瓶颈问题有较大载荷，命名为创新环境因子。

根据上述因子得分函数模型，可以计算出非核心企业技术创新能力的综合值及排序，其中，综合因子 $F \geqslant 1$ 的非核心企业有 22 家，占比

2%；综合因子 0 < F < 1 的非核心企业有 612 家，占比 45%；综合因子 F < 0 的非核心企业有 734 家，占比 54%（如表 6 - 4 所示），表明目前沈阳高技术产业中非核心企业技术创新能力综合水平较低，98% 的非核心企业技术创新能力均须大幅度提高。

表 6 - 4　　非核心企业技术创新能力综合因子得分

企业数量（个）	综合因子 F	占比（%）
22	F≥1	2
612	0≤F < 1	45
734	F < 0	54

资料来源：笔者整理。

通过对不同技术创新能力水平下的各因子得分均值分析可知，在非核心企业技术创新能力处于不同阶段时，各影响因子对其影响程度有所差异，通过表 6 - 5 可知，随着技术创新能力的提高，研发模式、知识专有性、知识吸收、技术水平、经营环境因子得分呈现下降趋势；财政政策、创新环境因子呈现上升趋势。表明，当非核心企业技术创新能力发展到较高水平时，对其影响程度较大的因子是财政政策与创新环境；当非核心企业技术创新能力发展到较低水平时，对其影响程度较大的因子是技术水平和经营环境。

表 6 - 5　　不同技术创新能力水平下的各因子得分均值情况

因子 1 研发模式	因子 2 知识专有性	因子 3 知识吸收	因子 4 财政政策	因子 5 技术水平	因子 6 经营环境	因子 7 创新环境	综合 因子 F
-0.0419	-0.1227	-0.5325	0.1963	0.0227	0.1479	4.2656	F≥1
0.0329	0.0217	0.1306	0.1055	0.3880	0.3969	0.2224	0≤F < 1
0.0327	0.0473	0.2134	0.0895	0.5098	0.4942	-0.6119	F < 0

资料来源：笔者整理。

二、实证结果讨论

1. 技术创新能力综合因子 F≥1

当非核心企业技术创新能力处于较高水平时，研发模式、知识专有性、知识吸收因子得分为负值，财政政策、技术水平、经营环境和创新环境因子为正值，其中创新环境影响系数最高。此时非核心企业已具备技术创新能力发展的基础条件，促进其技术创新能力进一步提高的主要因素是创新环境。

技术创新能力综合值 F≥1 的企业有 22 家，其中，规模以上的企业有 21 家，占比 96%；规模以下的企业有 1 家，占比 4%（如表 6－6 所示）。可见，技术创新能力处于较高水平的非核心企业绝大部分为规模以上企业，换言之，当企业规模达到一定水平后，技术创新能力才有可能提高，技术创新能力处于高水平的小规模企业仍是少数现象。因此，非核心企业若想提高其技术创新能力，首先应进行扩大企业生产经营规模。

表 6－6 企业规模分布情况

企业规模	数量（个）	占比（%）
规模以上	21	96
规模以下	1	4

资料来源：笔者整理。

技术创新能力处于较高水平的非核心企业中，高技术企业有 4 家，占比 18%；非高技术企业有 18 家，占比 82%。有高技术产品的企业有 9 家，占比 41%；无高技术产品的企业有 13 家，占比 59%（如表 6－7 所示）。表明，相比其他 1346 家非核心企业来说，虽然这 22 家非核心企业技术创新能力处于高水平，但是，非核心企业大部分仍为非高技术企业、无高技术产品。因此，非核心企业须成为高技术企业，能够生产高技术产品，才有可能提高其技术创新能力，发展成为创新网络中的核心企业。

表 6 – 7　　高技术企业与产品分布情况

指标	数量（个）	占比（%）
高技术企业	4	18
非高技术企业	18	82
有高技术产品	9	41
无高技术产品	13	59

资料来源：笔者整理。

非核心企业技术创新能力处于高水平的 22 家企业中，国有企业、集体企业有 0 家，私营企业有 11 家，占比 50%；港澳台商投资企业有 3 家，占比 14%；外商投资企业有 5 家，占比 23%；企业属于其他类型有 3 家，占比 14%（如表 6 – 8 所示）。由此可知，目前国有企业、集体企业相比私营企业规模处于优势地位，但是国有企业和集体企业仍是生产型企业，而非技术型。从技术创新能力的角度进行分析，国有企业与集体企业的技术创新能力远远低于私营、港澳台商投资、外商投资等企业。私营企业未来将是创新网络中核心企业的主要经济类型。

表 6 – 8　　经济类型分布情况

企业类型	数量（个）	占比（%）
国有企业	0	0
集体企业	0	0
私营企业	11	50
港澳台商投资	3	14
外商投资	5	23
企业属于其他	3	14

资料来源：笔者整理。

目前沈阳高技术产业技术创新能力处于较高水平的非核心企业主要分布在先进装备制造业、汽车产业、医药制造业和技术其他领域。表明，目前先进装备制造业、汽车产业、医药制造业是未来沈阳高技术产业中具有极大发展潜力的产业，换言之，在这些产业中的非核心企业未来技术创新能力具有较大提高空间与发展潜力（见表6－9）。

表6－9　　所处产业分布情况

产业	数量（个）	占比（%）
先进装备制造业	2	9
节能环保产业	0	0
新能源产业	0	0
汽车产业	2	9
航空航天	0	0
电子信息	0	0
现代农业	1	5
医药制造业	2	9
新材料产业	1	5
高技术服务业	1	5
技术领域其他	13	59

资料来源：笔者整理。

2. 技术创新能力综合因子 $0 \leq F < 1$

当非核心企业技术创新能力处于中间阶段时，各影响因子得分均为正值，其中，得分较高的因子为技术水平和经营环境。表明，此阶段的各因子均能促进非核心企业技术创新能力的提高，同时，技术水平和经营环境因子对非核心企业技术创新能力影响程度最大。

创新网络中非核心企业技术创新能力处于中间阶段的有612家，其中规模以上的企业有591家，占比97%；规模以下的企业有21家，占比3%（如表6－10所示）。数据表明，目前技术创新能力处于中间阶段的非核心企业主要是规模以上的企业，但是相比技术创新能力较高水平的非核心企业，规模以下的企业数量出现大幅度上升的趋势。

表 6－10　　企业规模分布情况

企业规模	数量（个）	占比（%）
规模以上	591	97
规模以下	21	3

资料来源：笔者整理。

非核心企业技术创新能力处于中间阶段的企业中，高技术企业有 132 家，占比 22%；非高技术企业有 480 家，占比 78%。有高技术产品的企业有 249 家，占比 41%；无高技术产品的企业有 363 家，占比 59%（如表 6－11 所示）。技术创新能力较高水平的高技术企业与高技术产品分布数据相比出现一些差异，有高技术产品和无高技术产品的非核心企业数量均等，由此可知，虽然有些非核心企业能够生产高技术产品，但是技术创新能力相比不能生产高技术产品的非核心企业无较大差距。

表 6－11　　高技术企业与产品分布情况

指标	数量（个）	占比（%）
高技术企业	132	22
非高技术企业	480	78
有高技术产品	249	41
无高技术产品	363	59

资料来源：笔者整理。

技术创新能力处于中间阶段的非核心企业中国有企业有 9 家，占比 2%；集体企业有 3 家，占比 1%；私营企业有 412 家，占比 71%；港澳台商投资企业有 34 家，占比 6%；外商投资企业有 82 家，占比 14%；企业属于其他类型有 44 家，占比 8%（如表 6－12 所示）。数据表明，技术创新能力处于中间阶段的企业中，各个经济类型企业均有分布，其中，国有企业与集体企业共 12 家，相比技术创新能力较高水平的非核心企业，数量有所提升。同时，外商投资企业占比 14%，仅次于私营企业，可见未来外商投资的非核心企业技术创新能力具有较大提高的可能，这种类型的非核心企业未来将有大部分可能会发展成为核心企业。

表 6－12　　经济类型分布情况

企业类型	数量（个）	占比（%）
国有企业	9	2
集体企业	3	1
私营企业	412	71
港澳台商投资	34	6
外商投资	82	14
企业属于其他	44	8

资料来源：笔者整理。

非核心企业技术创新能力处于中间阶段的企业主要分布在先进装备制造业、节能环保产业、汽车产业、电子信息产业、新材料产业和技术领域处于其他产业中（如表 6－13 所示）。其中，先进装备制造业的企业数量远远大于其他高技术产业，可见该产业是沈阳经济发展中的主导产业。

表 6－13　　所处产业分布情况

产业	数量（个）	占比（%）
先进装备制造业	119	18
节能环保产业	30	5
新能源产业	26	4

续表

产业	数量（个）	占比（%）
汽车产业	38	6
航空航天	8	1
电子信息	38	6
现代农业	26	4
医药制造业	19	3
新材料产业	42	6
高技术服务业	13	2
技术领域其他	301	46

资料来源：笔者整理。

3. 技术创新能力综合因子 F<0

当非核心企业技术创新能力处于低水平时，除创新环境因子为负值外，其他因子均为正值，其中与技术创新能力处于中间阶段时表现出相同现象，即技术水平和经营环境因子得分最高。表明，此时非核心企业处于技术创新能力初级阶段，若想快速提高其技术创新能力，首先应提高其技术水平和经营环境。

非核心企业技术创新能力综合值 F<0 的企业有 734 家，占非核心企业总量的 54%，即半数的非核心企业技术创新能力处于低水平。其中，规模以上企业有 534 家，占比 73%；规模以下的企业有 200 家，占比 27%（如表 6－14 所示）。可见，规模以下的企业数量远远大于其他水平的非核心企业，换言之，中小型企业仍是非核心企业的主要经济类型。

表 6－14　企业规模分布情况

企业规模	数量（个）	占比（%）
规模以上	534	73
规模以下	200	27

资料来源：笔者整理。

技术创新能力处于低水平的非核心企业中，高技术企业有 118 家，占比 16%；非高技术企业有 616 家，占比 84%。有高技术产品的企业有 285 家，占比 39%；无高技术产品的企业有 449 家，占比 61%（如表 6－15 所示）。数据表明，非高技术企业、无高技术产品的非核心企业技术创新能力必将处于低水平。

表 6－15　高技术企业与产品分布情况

指标	数量（个）	占比（%）
高技术企业	118	16
非高技术企业	616	84
有高技术产品	285	39
无高技术产品	449	61

资料来源：笔者整理。

技术创新能力处于低水平的非核心企业中，国有企业有 23 家，占比 3%；集体企业有 6 家，占比 1%；私营企业有 578 家，占比 82%；港澳台商投资企业有 17 家，占比 2%；外商投资企业有 45 家，占比 6%；企业属于其他类型有 36 家，占比 5%（如表 6－16 所示）。数据表明，目前创新网络中的技术创新能力处于低水平的非核心企业大部分为私营企业，其中有部分国有企业虽然规模较大，但是技术创新能力水平很低。因此，若想重新焕发东北地区国有企业经营活力，首先应提高其技术创新能力，使其从创新网络的下游逐步发展到中游或者上游，即从非核心企业发展成为核心企业，才能够使国有企业继续引领产业发展方向，成为地区经济发展和国民经济发展的重要支撑力量。

表 6－16　经济类型分布情况

企业类型	数量（个）	占比（%）
国有企业	23	3
集体企业	6	1

续表

企业类型	数量（个）	占比（%）
私营企业	578	82
港澳台商投资	17	2
外商投资	45	6
企业属于其他	36	5

资料来源：笔者整理。

沈阳高技术产业非核心企业技术创新能力处于低水平的产业分布数据显示，数量较多的企业主要分布在先进装备制造业、节能环保产业、电子信息产业、现代农业与新材料产业中（如表6-17所示）。与综合值F>0的非核心企业产业分布情况相比可知，先进装备制造业、汽车产业的非核心企业技术创新能力目前处于较高水平，节能环保、电子信息、现代农业、电子信息产业中非核心企业技术创新能力大部分处于低水平阶段。因此，沈阳地区经济若想快速发展，不能只依靠先进装备制造业，其他高技术产业中的非核心企业须提高其技术创新能力，使高技术产业全面发展，才能够促进整个地区经济快速发展。

表6-17　所处产业分布情况

产业	数量（个）	占比（%）
先进装备制造业	113	16
节能环保产业	45	6
新能源产业	23	3
汽车产业	32	4
航空航天	7	1
电子信息	41	6
现代农业	34	5
医药制造业	19	3

续表

产业	数量（个）	占比（%）
新材料产业	58	8
高技术服务业	24	3
技术领域其他	386	53

资料来源：笔者整理。

第二节　非核心企业技术创新能力影响因素分析——权重系数

一、权重系数分析

通过对 1368 家非核心企业技术创新能力水平做主成分分析可知，共提取 7 个主成分，即 $f_1 \sim f_7$，各主成分与评价指标 $q_1 \sim q_7$ 之间存在如下关系：

$$f_1 = \alpha_1^1 q_1 + \alpha_2^1 q_2 + \alpha_3^1 q_3 \cdots + \alpha_{17}^1 q_{17} = \sum_{j=1}^{17} \alpha_j^1 q_j$$

$$\vdots \qquad \vdots \qquad \vdots$$

$$f_7 = \alpha_1^7 q_1 + \alpha_2^7 q_2 + \alpha_3^7 q_3 \cdots + \alpha_{17}^7 q_{17} = \sum_{j=7}^{17} \alpha_j^7 q_j$$

即：$f_i = \sum_{j=1}^{17} \alpha_j^i q_j$

另外，综合值 F 与 $f_1 \sim f_7$ 之间存在如下关系：

$$F = \beta_1 f_1 + \beta_2 f_2 + \cdots + \beta_7 f_7 = \sum_{i=1}^{7} \beta_i \sum_{j=1}^{17} \alpha_j^i q_j = \sum_{i=1}^{7} \sum_{j=1}^{17} \beta_i \alpha_j^i q_j$$

因此，通过该权重公式，可以计算出各项指标 $q_1 \sim q_{17}$ 与非核心企业技术创新能力综合值 F 之间的权重系数 δ，即 $\sum_{j=1}^{17} \delta_j = \sum_{i=1}^{7} \sum_{j=1}^{17} \beta_i \alpha_j^i =$

100%，然后通过数据求和可以计算出影响因素 $X_1 \sim X_5$ 与非核心企业技术创新能力 F 之间的权重系数 γ，即：

$$\gamma_1 = \delta_1 + \delta_2 + \delta_3,\ \gamma_2 = \delta_4 + \delta_5 + \delta_6 + \delta_7,\ \gamma_3 = \delta_8 + \delta_9,$$

$$\gamma_4 = \delta_{10} + \delta_{11} + \delta_{12} + \delta_{13}$$

$$\gamma_5 = \delta_{14} + \delta_{15} + \delta_{16} + \delta_{17},\ \sum_{i=1}^{5} \gamma_i = 100\%$$

通过对 1368 家非核心企业的 7 个主成分中各项指标数据计算，可得出各项指标与技术创新能力综合值 F 之间的权重系数（如表 6－18 所示），另外，通过 17 项指标权重系数值加总求和，可以得出 5 大影响因素与技术创新能力综合值 F 之间的权重系数（如表 6－19 所示）。

表 6－18　各项指标权重系数

指标	权重系数	数值（%）	指标	权重系数	数值（%）
q_1	δ_1	9	q_{10}	δ_{10}	1
q_2	δ_2	8	q_{11}	δ_{11}	4
q_3	δ_3	6	q_{12}	δ_{12}	5
q_4	δ_4	3	q_{13}	δ_{13}	8
q_5	δ_5	8	q_{14}	δ_{14}	11
q_6	δ_6	16	q_{15}	δ_{15}	－7
q_7	δ_7	6	q_{16}	δ_{16}	9
q_8	δ_8	2	q_{17}	δ_{17}	7
q_9	δ_9	5	总和	$\sum_{j=1}^{17} \delta_j$	100

资料来源：笔者整理。

表 6－19　各影响因素权重系数

影响因素	权重系数	数值（%）
X_1 技术水平	γ_1	22
X_2 知识吸收	γ_2	33

续表

影响因素	权重系数	数值（%）
X_3 研发模式	γ_3	7
X_4 知识专有性	γ_4	18
X_5 网络环境	γ_5	20
总和	$\sum_{i=1}^{5}\gamma_i$	100

资料来源：笔者整理。

二、实证结果讨论

1. 各项指标权重系数分析

各项影响因素指标权重系数显示可知，17 项指标中权重系数高于平均值 5.8% 的指标有引进国内外技术专家人数、财政支持、研发经费增长率、经营问题、高技术产品增长率、拥有领军型技术人员、标准水平、瓶颈问题和优势产品水平；低于平均值 5.8% 的指标有设立研发机构、技术来源、形成的行业以上标准数、专利水平、研发人员占职工比例、开发方式、有效专利总数和优惠政策。表明，国内外专家与技术人员、研发资金、高技术产品、非核心企业经营和创新中的问题是影响创新网络中非核心企业技术创新能力的关键指标，因此，非核心企业技术创新能力提升的首先是增加研发人员和资金、提高创新产品数量和质量。

2. 影响因素权重系数分析

通过对 17 项指标权重系数求和得出各影响因素的权重系数，按由高到低排序为：知识吸收、技术水平、网络环境、知识专有性、研发模式。结果表明，由于非核心企业技术创新能力处于中低水平，因此，知识吸收对非核心企业技术创新能力的影响最为关键，换言之，非核心企业在技术创新能力提升初期，首先应该吸收创新网络中的先进知识；技术水平、网络环境与知识专有性对非核心企业技术创新能力影响较高，权重系数均在平均值20%左右；而研发模式权重系数最小仅为7%（如表6－20所示），可见创新网络中企业属于非核心、技术创新能力弱，此时产品开发方式与技术来源方式对企业技术创新能力影响较弱，即产品开发的任何方式或技术提升的任何方式，对非核心企业技术创新能力提升影响无较大差异，只要能够使非核心企业技术创新能力水平提高，哪种方式最易获取，便可选择哪种方式。

表6－20　各因素对非核心企业技术创新影响程度

影响程度	因素分布
高	X_2 知识吸收
中	X_1 技术水平、X_4 知识专有性、X_5 网络环境
低	X_3 研发模式

资料来源：笔者整理。

第三节　非核心企业技术创新能力影响因素分析——最优尺回归

一、最优尺回归分析

由于本书的数据主要来源于《沈阳经济发展状况大调研（高新技术产业）调查问卷》，收集到的部分数据为有序分类数据，由简单的线性回归得到的结果不充分，而用逻辑回归分析会损失有序与分类数据的相关信息。因此，本书采用最优尺度回归分析，对研究样本的五大影响因素及其各个指标反复迭代以找到最佳方程式①。因此，采用最优尺度回归分析非核心企业技术创新能力不同水平下，各影响因素指标对技术

① 张文彤：《IBM SPSS数据分析与挖掘实战案例精粹》，清华大学出版社2013年版。

创新能力的影响程度。分别对非核心企业技术创新能力综合因子 F≥1、0≤F<1、F<0 中影响因素指标进行最优尺回归分析。

1. 非核心企业技术创新能力综合因子 F≥1

第一，对技术水平对非核心企业技术创新能力的影响程度进行分析，因变量为综合值 F，预测变量为 q_1、q_2、q_3，表 6 - 21 显示各指标在置信度 5% 时均显著，通过该表可知技术水平与非核心企业技术创新能力的模型为：非核心企业技术创新能力 = 0.483 × 高技术产品增长率 + 0.404 × 优势产品水平 + 0.654 × 研发经费增长率。数据表明，在非核心企业技术创新能力处于较高水平时，技术水平的各项指标：高技术产品增长率、优势子产品水平、研发经费增长率与非核心企业技术创新能力均正相关，并且，此时非核心企业增加研发经费对其技术水平促进作用更加明显。

表 6 - 21　　综合因子 F≥1 阶段技术水平指标影响系数

指标	标准系数		df	F	Sig.
	Beta	标准误差的 Bootstrap（1000）估计			
q_2 高技术产品增长率	0.483	0.270	1	3.199	0.001
q_3 优势产品水平	0.404	0.178	1	5.139	0.036
q_1 研发经费增长率	0.654	0.266	1	6.028	0.024

资料来源：笔者整理。

第二，对知识吸收对非核心企业技术创新能力的影响程度进行分析，因变量为综合值 F，预测变量为 q_4、q_5、q_6、q_7，通过表 6 - 22 显示可知知识吸收与非核心企业技术创新能力的模型为：非核心企业技术创新能力 = 0.117 × 研发人员占职工比例 + 0.026 × 拥有领军型技术人员 + 1.029 × 引进国内外专家人数 + 0.104 × 设立研发机构。数据表明，在非核心企业技术创新能力处于较高水平时，知识吸收中的各项指标：研发人员占职工比例、拥有领军型技术人员、引进国内外技术专家人数、设立研发机构与非核心企业技术创新能力均正相关，其中，引进国内外技术专家人数指标远远高于其他指标。可见，国内外技术专家对非核心企业技术创新能力提升具有十分重要的影响。

表 6－22　　综合因子 F≥1 阶段知识吸收指标影响系数

指标	标准系数		df	F	Sig.
	Beta	标准误差的 Bootstrap（1000）估计			
q_4 研发人员占职工比例	0.117	0.074	1	2.497	0.133
q_5 拥有领军型技术人员	0.026	0.049	1	0.289	0.598
q_6 引进国内外技术专家人数	1.029	0.055	1	345.973	0.000
q_7 设立研发机构	0.104	0.085	1	1.499	0.237

资料来源：笔者整理。

第三，对研发模式对非核心企业技术创新能力的影响程度进行分析，因变量为综合值 F，预测变量为 q_8、q_9，通过表 6－23 显示可知研发模式与非核心企业技术创新能力的模型为：非核心企业技术创新能力＝1.058×开发方式＋0.861×技术来源。数据表明，在非核心企业技术创新能力处于较高水平时，研发模式的各项指标：开发方式、技术来源与非核心企业技术创新能力均正相关，并且相比其他指标，相关系数较大。可见，非核心企业若想提高其技术创新能力，开发方式与技术来源应选择自主研发。

表 6-23　　综合因子 F≥1 阶段研发模式指标影响系数

指标	标准系数		df	F	Sig.
	Beta	标准误差的 Bootstrap（1000）估计			
q_8 开发方式	1.058	0.476	3	4.952	0.013
q_9 技术来源	0.861	0.504	2	2.918	0.083

资料来源：笔者整理。

第四，对知识专有性对非核心企业技术创新能力的影响程度进行分析，因变量为综合值 F，预测变量为 q_{10}、q_{11}、q_{12}、q_{13}，通过表 6-24 显示可知，知识专有性与非核心企业技术创新能力的模型为：非核心企业技术创新能力 = -0.154 × 有效专利总数 -0.057 × 专利水平 -0.128 × 形成行业以上标准数 +0.067 × 标准水平。数据表明，知识专有性的各项指标：有效专利总数、专利水平、形成的行业以上标准数与非核心企业技术创新能力负相关，标准水平与非核心企业技术创新能力正相关。可见，虽然技术创新能力与其他非核心企业相比处于较高水平，但是仍然为非核心企业，与核心企业相比，知识专有性的各指标均处于劣势。因此，非核心企业技术创新能力的提高，首先应突破企业知识专有性瓶颈。

表 6-24　　综合因子 F≥1 阶段知识专有性指标影响系数

指标	标准系数		df	F	Sig.
	Beta	标准误差的 Bootstrap（1000）估计			
q_{10} 有效专利总数	-0.154	0.186	1	0.685	0.419
q_{11} 专利水平	-0.057	0.264	1	0.047	0.431
q_{12} 形成的行业以上标准数	-0.128	0.215	1	0.353	0.460
q_{13} 标准水平	0.067	0.114	1	0.345	0.364

资料来源：笔者整理。

第五，对网络环境对非核心企业技术创新能力的影响程度进行分析，因变量为综合值 F，预测变量为 q_{14}、q_{15}、q_{16}、q_{17}，通过表 6－25 显示可知，网络环境与非核心企业技术创新能力的模型为：非核心企业技术创新能力 =0.156×财政支持 +1.014×优惠政策 +0.622×经营环境 +0.384×创新环境。数据表明，当非核心企业技术创新能力处于较高水平时，网络环境的各项指标：财政支持、优惠政策、经营环境、创新环境与非核心企业技术创新能力均正相关。并且，优惠政策系数明显高于其他 3 项指标，可见，此阶段政府的政策导向对于非核心企业技术创新能力起到十分关键的作用。因此，当非核心企业技术创新能力发展到一定水平时，政府应给予重视，提供相关优惠政策，帮助非核心企业快速提高其技术创新能力，从而发展成为核心企业。

表 6－25　　综合因子 F≥1 阶段网络环境指标影响系数

指标	标准系数		df	F	Sig.
	Beta	标准误差的 Bootstrap（1000）估计			
q_{14}财政支持	0.156	0.515	2	0.091	0.214
q_{15}优惠政策	1.014	0.812	3	1.559	0.294
q_{16}经营环境	0.622	0.716	6	0.755	0.429
q_{17}创新环境	0.384	0.444	4	0.748	0.394

资料来源：笔者整理。

2. 非核心企业技术创新能力综合值 0≤F＜1

第一，对技术水平对非核心企业技术创新能力的影响程度进行分析，因变量为综合值 F，预测变量为 q_1、q_2、q_3，通过表 6－26 显示可知，技术水平与非核心企业技术创新能力的模型为：非核心企业技术创新能力 =0.002×高技术产品增长率 +0.199×优势产品水平 +0.024×研发经费增长率。数据显示，当非核心企业技术创新能力处于中间水平时，技术水平的各项指标：高技术产品增长率、优势产品水平、研发经费增长率与非核心企业技术创新能力均正相关。但是，高技术产品增长率系数较低，由此表明，此阶段非核心企业高技术产品生产能力较弱，主要依靠优势产品与研发经费投入两项内容促进其技术创新能力提高。

表 6-26　　综合因子 0≤F<1 阶段技术水平指标影响系数

指标	标准系数		df	F	Sig.
	Beta	标准误差的 Bootstrap（1000）估计			
q_2 高技术产品增长率	0.002	0.045	1	0.002	0.466
q_3 优势产品水平	0.199	0.039	1	25.645	0.000
q_1 研发经费增长率	0.024	0.043	1	0.319	0.473

资料来源：笔者整理。

第二，对知识吸收对非核心企业技术创新能力的影响程度进行分析，因变量为综合值 F，预测变量为 q_4、q_5、q_6、q_7，通过表 6-27 显示可知，知识吸收与非核心企业技术创新能力的模型为：非核心企业技术创新能力 =0.025×研发人员占职工比例 +0.280×拥有领军型技术人员 +0.078×引进国内外专家人数 +0.1×设立研发机构。数据显示，当非核心企业技术创新能力处于中间水平时，知识吸收的各项指标：研发人员所占职工比例与设立研发机构两项指标未通过检验，拥有领军型技术人员、引进国内外技术专家人数通过检验，与非核心企业技术创新能力正相关，但是系数较低。表明，此阶段的非核心企业知识吸收能力很弱，鲜有设立研发机构和拥有研发人员，知识吸收能力提升主要依靠领军型技术人员和引进国内外技术专家。

表 6 – 27　　综合因子 0≤F<1 阶段知识吸收指标影响系数

指标	标准系数		df	F	Sig.
	Beta	标准误差的 Bootstrap（1000）估计			
q_4 研发人员占职工比例	0.025	0.047	1	0.280	0.597
q_5 拥有领军型技术人员	0.280	0.050	1	30.724	0.000
q_6 引进国内外技术专家人数	0.078	0.038	1	4.168	0.042
q_7 设立研发机构	0.010	0.046	1	0.053	0.519

资料来源：笔者整理。

第三，对研发模式对非核心企业技术创新能力的影响程度进行分析，因变量为综合值 F，预测变量为 q_8、q_9，通过表 6 – 28 显示可知，研发模式与非核心企业技术创新能力的模型为：非核心企业技术创新能力 = 0.163 × 开发方式 + 0.175 × 技术来源。数据显示，当非核心企业技术创新能力处于中间水平时，研发模式的各项指标：开发水平、技术来源与非核心企业技术创新能力均正相关。表明，此阶段非核心企业仍然需要通过自主研发提高其技术创新能力。

表 6 – 28　　综合因子 0≤F<1 阶段研发模式指标影响系数

指标	标准系数		df	F	Sig.
	Beta	标准误差的 Bootstrap（1000）估计			
q_8 开发水平	0.163	0.040	4	16.257	0.000
q_9 技术来源	0.175	0.044	5	16.063	0.000

资料来源：笔者整理。

第四，对知识专有性对非核心企业技术创新能力的影响程度进行分析，因变量为综合值 F，预测变量为 q_{10}、q_{11}、q_{12}、q_{13}，通过表 6 - 29 显示可知，知识专有性平与非核心企业技术创新能力的模型为：非核心企业技术创新能力 = 0.164 × 有效专利总数 - 0.108 × 专利水平 + 0.121 × 形成行业以上标准数 + 0.141 × 标准水平。数据显示，当非核心企业技术创新能力处于中间水平时，知识专有性的各项指标：有效专利总数、形成的行业以上标准数、标准水平与非核心企业技术创新能力正相关，专利水平与非核心企业技术创新能力负相关。表明，此阶段的非核心企业虽然专利数量较多，但是专利质量仍有待提高。

表 6 - 29　　综合因子 0≤F<1 阶段知识专有性指标影响系数

指标	标准系数		df	F	Sig.
	Beta	标准误差的 Bootstrap（1000）估计			
q_{10}有效专利总数	0.164	0.038	4	18.353	0.000
q_{11}专利水平	-0.108	0.042	1	6.707	0.010
q_{12}形成的行业以上标准数	0.121	0.055	3	4.914	0.002
q_{13}标准水平	0.141	0.043	1	11.002	0.001

资料来源：笔者整理。

第五，对网络环境对非核心企业技术创新能力的影响程度进行分析，因变量为综合值 F，预测变量为 q_{14}、q_{15}、q_{16}、q_{17}，通过表 6 - 30 显示可知，网络环境与非核心企业技术创新能力的模型为：非核心企业技术创新能力 = 0.140 × 财政支持 + 0.529 × 优惠政策 + 0.148 × 经营问题 + 0.203 × 瓶颈问题。数据显示，当非核心企业技术创新能力处于中间水平时，网络环境的各项指标：财政支持、优惠政策、经营环境、创新环境与非核心企业技术创新能力均正相关。表明，此阶段财政支持、优惠政策、经营环境、创新环境 4 项指标均能改善非核心企业技术创新发展的网络环境，因此，政府应营造积极的网络环境，促进非核心企业技术创新能力提升，从而使企业所在创新网络的整体技术创新能力提高。

表 6 – 30　　综合因子 0≤F <1 阶段网络环境指标影响系数

指标	标准系数		df	F	Sig.
	Beta	标准误差的 Bootstrap（1000）估计			
q_{14}财政支持	0. 140	0. 046	3	9. 299	0. 000
q_{15}优惠政策	0. 529	0. 037	6	209. 773	0. 000
q_{16}经营环境	0. 148	0. 036	6	17. 412	0. 000
q_{17}创新环境	0. 203	0. 040	2	25. 810	0. 000

资料来源：笔者整理。

3. 非核心企业技术创新能力综合值 F <0

第一，对技术水平对非核心企业技术创新能力的影响程度进行分析，因变量为综合值 F，预测变量为 q_1、q_2、q_3，通过表 6 – 31 显示可知，技术水平与非核心企业技术创新能力的模型为：非核心企业技术创新能力 = 0. 06 × 高技术产品增长率 + 0. 024 × 优势产品水平 + 0. 06 × 研发经费增长率。数据显示，当非核心企业技术创新能力处于低级水平时，优势产品水平指标未通过检验，高技术产品增长率、研发经费增长率与非核心企业技术创新能力平均正相关，并且系数相等。表明，当技术创新能力水平较低时，高技术产品生产能力与研发经费投入均能促进非核心企业技术创新能力提升，且促进作用无明显差异。

表 6-31　　综合因子 F<0 阶段技术水平指标影响系数

指标	标准系数		df	F	Sig.
	Beta	标准误差的 Bootstrap（1000）估计			
q_2 高技术产品增长率	0.060	0.071	1	0.708	0.400
q_3 优势产品水平	0.024	0.067	1	0.130	0.518
q_1 研发经费增长率	0.060	0.036	1	2.721	0.099

资料来源：笔者整理。

第二，对知识吸收对非核心企业技术创新能力的影响程度进行分析，因变量为综合值 F，预测变量为 q_4、q_5、q_6、q_7，通过表 6-32 显示可知，知识吸收与非核心企业技术创新能力的模型为：非核心企业技术创新能力 =0.002×研发人员占职工比例 +0.014×拥有领军型技术人员 +0.016×引进国内外专家人数 +0.099×设立研发机构。数据显示，当非核心企业技术创新能力处于低级水平时，知识吸收的各项指标：研发人员占职工比例、拥有领军型技术人员、引进国内外技术专家人数、设立研发机构与非核心企业技术创新能力均正相关，其中，研发人员所占职工比例系数值极小。表明，由于此阶段非核心企业技术创新能力极弱，因此，采用任何方式均可促进企业知识吸收。

表 6-32　　综合因子 F<0 阶段知识吸收指标影响系数

指标	标准系数		df	F	Sig.
	Beta	标准误差的 Bootstrap（1000）估计			
q_4 研发人员占职工比例	0.002	0.033	1	0.003	0.459
q_5 拥有领军型技术人员	0.014	0.013	1	1.234	0.267

续表

指标	标准系数		df	F	Sig.
	Beta	标准误差的 Bootstrap（1000）估计			
q_6 引进国内外技术专家人数	0.016	0.007	1	4.908	0.027
q_7 设立研发机构	0.099	0.022	1	20.434	0.000

资料来源：笔者整理。

第三，对研发模式对非核心企业技术创新能力的影响程度进行分析，因变量为综合值 F，预测变量为 q_8、q_9，通过表 6 – 33 显示可知，研发模式与非核心企业技术创新能力的模型为：非核心企业技术创新能力 = 0.015 × 开发方式 + 0.062 × 技术来源。数据显示，当非核心企业技术创新能力处于低级水平时，研发模式的各项指标：开发方式、技术来源与非核心企业技术创新能力均正相关。表明，虽然此阶段的非核心企业技术创新能力很低，但是自主研发仍然能够有效促进其技术创新能力的提升。

表 6 – 33　　综合因子 F < 0 阶段研发模式指标影响系数

指标	标准系数		df	F	Sig.
	Beta	标准误差的 Bootstrap（1000）估计			
q_8 开发方式	0.015	0.004	5	12.623	0.000
q_9 技术来源	0.062	0.014	4	19.097	0.000

资料来源：笔者整理。

第四，对知识专有性对非核心企业技术创新能力的影响程度进行分析，因变量为综合值 F，预测变量为 q_{10}、q_{11}、q_{12}、q_{13}，通过表 6 – 34 显示可知，知识专有性与非核心企业技术创新能力的模型为：非核心企业

技术创新能力 = -0.009 × 有效专利总数 -0.001 × 专利水平 -0.982 × 形成行业以上标准数 -0.002 × 标准水平。数据显示，当非核心企业技术创新能力处于低级水平时，知识专有性指标中的有效专利总数、专利水平、形成的行业以上标准数、标准水平与技术创新能力之间负相关。表明，此阶段的非核心企业知识专有性极弱，完全受控于创新网络中的核心企业，核心企业引领行业的技术发展方向。

表 6-34　　综合因子 F<0 阶段知识专有性指标影响系数

指标	标准系数		df	F	Sig.
	Beta	标准误差的 Bootstrap（1000）估计			
q_{10}有效专利总数	-0.009	0.011	1	0.651	0.420
q_{11}专利水平	-0.001	0.002	1	0.635	0.426
q_{12}形成的行业以上标准数	-0.982	0.044	1	491.483	0.000
q_{13}标准水平	-0.002	0.003	1	0.626	0.429

资料来源：笔者整理。

第五，对网络环境对非核心企业技术创新能力的影响程度进行分析，因变量为综合值 F，预测变量为 q_{14}、q_{15}、q_{16}、q_{17}，通过表 6-35 显示可知，网络环境与非核心企业技术创新能力的模型为：非核心企业技术创新能力 = 0.066 × 财政支持 + 0.042 × 优惠政策 + 0.268 × 经营问题 + 0.316 × 瓶颈问题。数据显示，当非核心企业技术创新能力处于低级水平时，网络环境中的各项指标：财政支持、优惠政策、经营环境、创新环境与技术创新能力均正相关。表明，良好的网络环境是促进非核心企业技术创新能力提升的重要因素。

表 6-35　综合因子 F<0 阶段网络环境指标影响系数

指标	标准系数		df	F	Sig.
	Beta	标准误差的 Bootstrap（1000）估计			
q_{14}财政支持	0.066	0.032	2	4.267	0.014
q_{15}优惠政策	0.042	0.029	3	2.074	0.102
q_{16}经营环境	0.268	0.106	5	6.403	0.000
q_{17}创新环境	0.316	0.144	6	4.780	0.000

资料来源：笔者整理。

通过对非核心企业技术创新能力不同水平阶段与影响因素各指标之间进行最优尺回归分析可知，在不同技术创新能力阶段，各影响因素对其影响程度存在差异，如表 6-36 所示，随着非核心企业技术创新能力水平的下降，各指标对技术创新能力的影响系数也随之减弱，通过对 17 个指标进行标准化处理，得出五大影响因素对非核心企业技术创新能力的影响系数。

表 6-36　非核心企业不同技术创新能力水平各指标影响系数

影响因素	指标	系数		
		F≥1	0≤F<1	F<0
X_1 技术水平	q_1 研发经费增长率	0.654	0.024	0.06
	q_2 高技术产品增长率	0.483	0.002	0.06
	q_3 优势产品技术水平	0.404	0.199	0.024
X_2 知识吸收	q_4 研发人员所占比例	0.117	0.025	0.002
	q_5 拥有领军型技术人员	0.026	0.280	0.014
	q_6 引进国内外专家人数	1.029	0.078	0.016
	q_7 是否设立研发机构	0.104	0.1	0.099

续表

影响因素	指标	系数		
		F≥1	0≤F<1	F<0
X_3 研发模式	q_8 开发方式	1.058	0.163	0.015
	q_9 技术来源	0.861	0.175	0.062
X_4 知识专有性	q_{10}有效专利数	-0.154	0.164	-0.009
	q_{11}专利水平	-0.057	-0.108	-0.001
	q_{12}行业以上标准数	-0.128	0.121	-0.982
	q_{13}标准水平	0.067	0.141	-0.002
X_5 网络环境	q_{14}财政支持	0.156	0.14	0.066
	q_{15}优惠政策	1.014	0.529	0.042
	q_{16}经营中的主要问题	0.622	0.148	0.268
	q_{17}创新中的瓶颈问题	0.384	0.203	0.316

资料来源：笔者整理。

通过对非核心企业技术创新能力影响因素分析可知，当技术创新能力水平较高时，技术水平、知识吸收、研发模式网络环境均对其正向影响，其中网络环境影响程度最大，知识专有性对其负向影响；在技术创新能力处于中间水平时，所有因素均对其正向影响，但是影响系数普遍小于技术创新能力较高水平时，可知，此阶段的非核心企业中促进技术创新能力提高的各种因素均不完善或不具备提高技术创新能力的条件；在技术创新能力处于最低水平时，各影响因素系数相比其他两个阶段，数值非常小，表明，此阶段的非核心企业几乎没有进行技术创新能力的条件或设施。总之，随着非核心企业技术创新能力的提高，各因素对其影响程度随之增强（如表6-37所示）。

表 6-37　　非核心企业不同技术创新能力水平影响因素系数

影响因素	系数		
	F≥1	0≤F<1	F<0
技术水平	0.1698	0.0248	0.0159
知识吸收	0.1406	0.0532	0.0144
研发模式	0.2115	0.0372	0.0085
知识专有性	-0.0300	0.0350	-0.1095
网络环境	0.2398	0.1124	0.0763

资料来源：笔者整理。

二、实证结果讨论

1. 技术创新能力综合因子 F≥1

当非核心企业技术创新能力处于较高水平时，技术水平、知识吸收、研发模式、网络环境与其技术创新能力均正相关，知识专有性与其技术创新能力负相关，并且，相比其他影响因素，网络环境与研发模式对此阶段的非核心企业技术创新能力提升具有较大影响。因此，当非核心企业具备一定技术创新能力时，营造积极健康的网络环境、采用自主研发两种途径，能够直接有效地增强其技术创新能力的进一步提升，促进此阶段的非核心企业快速发展成为核心企业。

2. 技术创新能力综合因子 0≤F<1

当非核心企业技术创新能力处于中间阶段时，技术水平、知识吸收、研发模式、知识专有性、网络环境与技术创新能力均正相关，并且，影响系数最大的因素为网络环境。此阶段与其他两阶段相比，在知识专有性上出现较大差异。表明，当非核心企业在创新网络中，从网络的最边缘逐渐向网络中心发展时，企业的专利、标准的数量与质量也在逐渐提高。但是，与技术创新能力处于较高水平时相比较，各因素影响系数从总体上呈下降趋势，说明此阶段的非核心企业与核心企业相比，各方面均处于劣势地位，若想提升其技术创新能力，技术水平、知识吸收、研发模式、知识专有性与网络环境 5 方面均需要增强。

3. 技术创新能力综合因子 F<0

当非核心企业技术创新能力处于低水平时，技术水平、知识吸收、研发模式、网络环境与其技术创新能力均正相关，且影响系数较小，知识专有性与其技术创新能力负相关，且影响系数较大。表明，此阶段的非核心企业完全受控于创新网络中的核心企业，主要为核心企业提供配套代工服务，几乎无技术创新能力。但是，此阶段的非核心企业可以通过提高技术水平、增强知识吸收能力、采用技术自主研发、委托高校与科研院所或到技术产权交易市场购买等方式、争取政府财政支持和优惠政策、营造良好的企业经营与创新环境等措施提高其技术创新能力，逐渐从创新网络的边缘位置向核心位置发展，从而最终达到成为核心企业的目标。

第四节　非核心企业技术创新能力成长趋势分析

一、二元 Logsitic 回归分析

通过对 1368 家创新网络中非核心企业技术创新能力水平的分析可知，目前非核心企业技术创新能力整体处于中低水平。但是 1368 家非核心企业技术创新能力未来发展趋势如何？处于哪个阶段仍需进一步探讨。因此，本书运用二元 Logistic 回归进一步对创新网络中非核心企业技术创新能力进行分析。假设处于技术创新能力综合值相对较高的前 684 家非核心企业技术创新能力处于高水平（Y=1），剩余 684 家非核心企业技术创新能力相对处于低水平（Y=0），利用 1368 家非核心企业样本数据的 7 个关键因子中包含的 17 个影响非核心企业技术创新能力的主要指标，即 q_1 研发经费增长率、q_2 高技术产品增长率、q_3 优势产品技术水平、q_4 研发人员所占比例、q_5 拥有领军型技术人员、q_6 引进国内外专家人数、q_7 是否设立研发机构、q_8 开发水平、q_9 来源水平、

q_{10}有效专利总数、q_{11}专利水平、q_{12}行业以上标准总数、q_{13}标准水平、q_{14}财政支持、q_{15}优惠政策、q_{16}经营环境、q_{17}创新环境，拟合 Logistic 回归模型。表 6－38 显示 1368 家非核心企业的基本案例处理汇总情况，通过数据显示可知，未选定案例为 0 个，分析中共包括 1368 个研究样本。

表 6－38　　　　　　　　　　案例处理汇总

未加权的案例		N	百分比
选定案例	包括在分析中	1359	100
	缺失案例	0	0
	总计	1368	100
未选定的案例		0	0
总计		1368	1368

资料来源：笔者整理。

1368 个研究样本中，表 6－39 显示模型初始分类预测表，表格左侧代表实际观测值，在侧代表的预测值和正确率，此时预测非核心企业技术创新能力快速成长，预测的正确率为 97.1%。调查表明，技术创新能力即将提高的非核心企业有 614 家，技术创新能力必将不能提高的有 713 家企业。

表 6－39　　　　　　　　　　模型初始分类预测

指标	已观测		已预测		
			y		百分比校正（%）
			技术创新能力低（家）	技术创新能力高（家）	
步骤	y	技术创新能力低	713	11	98.5
		技术创新能力高	29	614	95.5
	总计百分比				97.1

资料来源：笔者整理。

通过表6-40中方程中变量的各指标，可构建出二元 Logistic 回归模型，计算出1368家非核心企业技术创新能力未来成长趋势。

表6-40 各指标二元 Logistic 回归处理

指标	指标	B	S. E,	Wals	df	Sig.	Exp（B）	EXP（B）的95% C. I.	
								下限	上限
步骤	q_{10}	0. 063	0. 008	60. 935	1	0. 000	1. 065	1. 049	1. 082
	q_{11}	-0. 034	0. 048	0. 521	1	0. 470	0. 966	0. 880	1. 061
	q_{12}	-0. 573	0. 089	41. 474	1	0. 000	0. 564	0. 473	0. 671
	q_{13}	0. 560	0. 214	6. 852	1	0. 009	1. 750	1. 151	2. 660
	q_{14}	3. 752	0. 375	100. 008	1	0. 000	42. 609	20. 424	88. 893
	q_{15}	-1. 807	0. 168	116. 416	1	0. 000	0. 164	0. 118	0. 228
	q_{16}	1. 919	0. 130	216. 707	1	0. 000	6. 815	5. 278	8. 799
	q_{17}	0. 782	0. 070	123. 658	1	0. 000	2. 187	1. 905	2. 510
	q_{1}	1. 035	0. 304	11. 608	1	0. 001	2. 816	1. 552	5. 110
	q_{2}	0. 875	0. 571	2. 353	1	0. 125	2. 399	0. 784	7. 341
	q_{4}	0. 883	0. 636	1. 930	1	0. 165	2. 419	0. 696	8. 411
	q_{5}	1. 895	0. 346	29. 919	1	0. 000	6. 653	3. 374	13. 119
	q_{6}	1. 362	0. 134	103. 821	1	0. 000	3. 902	3. 003	5. 071
	q_{7}	0. 629	0. 292	4. 652	1	0. 031	1. 875	1. 059	3. 321
	q_{8}	-0. 466	0. 064	53. 047	1	0. 000	0. 628	0. 554	0. 711
	q_{9}	0. 207	0. 119	2. 991	1	0. 084	1. 229	0. 973	1. 554
	常量	11. 082	1. 350	67. 385	1	0. 000	64964. 148		

资料来源：笔者整理。

其 Logistic 回归模型为：

$$\ln\left(\frac{p}{1-p}\right)=0.063q_{10}-0.034q_{11}-0.573q_{12}+0.56q_{13}+3.752q_{14}$$

$$-1.807q_{15}+1.919q_{16}+0.782q_{17}+1.035q_{1}+0.875q_{2}+0.883q_{4}+1.895q_{5}+1.362q_{6}+0.629q_{7}-0.466q_{8}+0.207q_{9}+11.082$$

则有：

$$p=\frac{e^{(0.063q_{10}-0.034q_{11}-0.573q_{12}+0.56q_{13}+3.752q_{14}-1.807q_{15}+1.919q_{16}+0.782q_{17}+1.035q_{1}+0.875q_{2}+0.883q_{4}+1.895q_{5}+1.362q_{6}+0.629q_{7}-0.466q_{8}+0.207q_{9}+11.082)}}{1+e^{(0.063q_{10}-0.034q_{11}-0.573q_{12}+0.56q_{13}+3.752q_{14}-1.807q_{15}+1.919q_{16}+0.782q_{17}+1.035q_{1}+0.875q_{2}+0.883q_{4}+1.895q_{5}+1.362q_{6}+0.629q_{7}-0.466q_{8}+0.207q_{9}+11.082)}}$$

若预测值 P 的概率大于 0.5，则样本归为“技术创新能力水平高”组，相对地，如果预测值 P 的概率小于 0.5，则样本归为“技术创新能力水平低”组。

二、实证结果讨论

1. 非核心企业技术创新能力成长趋势分析

数据显示，1368 家非核心企业中，615 家非核心企业未来技术创新能力将成长，占总样本的 45%；753 家非核心企业技术创新能力将不会成长，占总样本的 55%。表明沈阳高技术产业中的近半数非核心企业未来技术创新能力将会提高，处于第 2 阶段即逆向式创新阶段，发展趋势良好，615 家非核心企业技术创新能力将发展到第 3 阶段即集群式创新，有发展成为核心企业的可能（见表 6－41）。

表 6－41　非核心企业技术创新能力预测值 P 分布情况

指标	数量（个）	占比（%）	成长阶段
$P>0.5$	615	45	逆向式创新
$P<0.5$	753	55	适应式创新

资料来源：笔者整理。

2. 非核心企业技术创新能力成长分布分析

“技术创新能力成长”组的非核心企业中有 205 家企业是高技术企

业，占比33%；非高技术企业410家，占比67%；328家具有高技术产品，占比53%；287家无高技术产品，占比47%。规模以上企业有468家，占比76%；规模以下企业有147家，占比24%。通过数据显示可知，规模以上生产高技术产品的非核心企业技术创新能力成长的可能性更大。“技术创新能力未成长”组中规模以上企业有657家占比87%；而高技术企业为45家，占比6%；有高技术产品企业206家，占比27%。表明大型生产性企业即便规模很大，无高技术产品研发能力，只能为核心企业提供代工或生产服务，很难发展成为核心企业（如表6－42、表6－43所示）。

表6－42　　非核心企业技术创新能力基本分布情况1　　单位：家

指标	高技术企业	非高技术企业	有高技术产品	无高技术产品	规模以上	规模以下
P >0.5	205	410	328	287	468	147
P <0.5	45	708	206	547	657	96

资料来源：笔者整理。

表6－43　　非核心企业技术创新能力基本分布情况2　　单位：%

指标	高技术企业	非高技术企业	有高技术产品	无高技术产品	规模以上	规模以下
P >0.5	33	67	53	47	76	24
P <0.5	6	94	27	73	87	13

资料来源：笔者整理。

“技术创新能力成长”组的非核心企业中国有企业有19家，占比3%；私营企业有410家，占比73%；外商投资企业有67家，占比12%。“技术创新能力未成长”组中国有企业有13家，占比2%；私营企业有580家，占比80%；外商投资企业有60家，占比8%。表明目前沈阳高技术产业中，有过半国有企业技术创新能力将成长，集体企业仍属于生产型企业，而大量的私营企业和外商投资企业技术创新能力未来将快速成长（如表6－44、表6－45所示）。

表6－44 非核心企业技术创新能力按经济类型分布情况1 单位：家

指标	国有企业	集体企业	私营企业	港澳台商投资	外商投资	企业属于其他
P＞0.5	19	2	410	23	67	44
P＜0.5	13	7	580	28	60	36

资料来源：笔者整理。

表6－45 非核心企业技术创新能力按经济类型分布情况2 单位：%

指标	国有企业	集体企业	私营企业	港澳台商投资	外商投资	企业属于其他	合计
P＞0.5	3	0	73	4	12	8	100
P＜0.5	2	1	80	4	8	5	100

资料来源：笔者整理。

“技术创新能力成长”组的非核心企业中先进装备制造业、新材料产业、技术其他领域3大产业占比较高，而“技术创新能力未成长”组中主要是技术其他领域的企业。表明目前沈阳高技术产业中的非核心企业仍以先进装备制造业、新材料、技术其他领域为主要产业，其他高技术产业仍处于低级阶段（如表6－46、表6－47所示）。

表6－46 非核心企业技术创新能力按产业分布情况1 单位：家

指标	先进装备制造业	节能环保产业	新能源产业	汽车产业	航空航天	电子信息	现代农业	医药制造业	新材料产业	高技术服务业	技术领域其他
P＞0.5	148	37	32	36	8	51	27	25	70	27	206
P＜0.5	84	38	17	34	7	28	33	13	30	10	481

资料来源：笔者整理。

表 6-47　　非核心企业技术创新能力按产业分布情况 2　　单位：%

指标	先进装备制造业	节能环保产业	新能源产业	汽车产业	航空航天	电子信息	现代农业	医药制造业	新材料产业	高技术服务业	技术领域其他	合计
$P>0.5$	22	6	5	5	1	8	4	4	10	4	31	100
$P<0.5$	11	5	2	4	1	4	4	2	4	1	62	100

资料来源：笔者整理。

3. 非核心企业技术创新能力成长阶段分析

预测值 $P>0.5$ 的非核心企业定义为逆向式成长阶段，在该阶段的企业有 615 家。其中，符合是高技术企业、有高技术产品、规模以上的企业共 128 家，这 128 家非核心企业处于逆向式创新阶段的前半段，其中，国有企业占比 1%，私营企业占比 65%，港澳台商投资占 6%，外商投资占 13%，其他占 15%，私营企业占比最大。换言之，这 128 家非核心企业未来将最快进入第 3 阶段即集群式创新，发展成为核心企业（如表 6-48、表 6-49 所示）。

表 6-48　　逆向式成长阶段按经济类型分布 1　　单位：家

指标	条件	国有企业	集体企业	私营企业	港澳台商投资	外商投资	企业属于其他
优	高技术企业 有高技术产品 规模以上	1	0	83	8	17	19
良	其他	18	2	327	15	50	25

资料来源：笔者整理。

表 6-49　　逆向式成长阶段按经济类型分布 2　　单位：%

指标	条件	国有企业	集体企业	私营企业	港澳台商投资	外商投资	企业属于其他	合计
优	高技术企业 有高技术产品 规模以上	1	0	65	6	13	15	100
良	其他	4	0	75	3	11	6	100

资料来源：笔者整理。

另外，在逆向创新阶段的前半段中，企业主要分布在先进装备制造业和电子信息产业，数据表明沈阳先进装备制造业和电子信息产业中非核心企业未来技术创新能力将快速发展，进入第3阶段即集群式创新（如表6－50、表6－51所示）。

表6－50　　逆向式成长阶段按产业分布情况1　　单位：家

指标	条件	先进装备制造业	节能环保产业	新能源产业	汽车产业	航空航天	电子信息	现代农业	医药制造业	新材料产业	高技术服务业	技术领域其他
优	高技术企业 有高技术产品 规模以上	58	11	10	8	1	19	1	15	25	7	16
良	其他	90	26	22	28	7	32	26	10	45	20	190

资料来源：笔者整理。

表6－51　　逆向式成长阶段按产业分布情况2　　单位：%

指标	条件	先进装备制造业	节能环保产业	新能源产业	汽车产业	航空航天	电子信息	现代农业	医药制造业	新材料产业	高技术服务业	技术领域其他	合计
优	高技术企业 有高技术产品 规模以上	34	6	6	5	1	11	1	9	15	4	9	100
良	其他	18	5	4	6	1	6	5	2	9	4	38	100

资料来源：笔者整理。

预测值 $P<0.5$ 的非核心企业定义为适应式成长阶段，在该阶段的企业有753家。其中，符合是高技术企业、有高技术产品、规模以上的企业共8家，这8家非核心企业处于适应式创新阶段的前半段，其中，国有企业占比13%，私营企业占比75%，其他占13%，私营企业仍然

占比最大。换言之，这 8 家非核心企业未来将最快进入第 2 阶段即逆向创新（如表 6 –52、表 6 –53 所示）。

表 6 –52　　适应式成长阶段按经济类型分布 1　　单位：家

指标	条件	国有企业	集体企业	私营企业	港澳台商投资	外商投资	企业属于其他
优	高技术企业 有高技术产品 规模以上	1	0	6	0	0	1
良	其他	12	7	574	28	60	35

资料来源：笔者整理。

表 6 –53　　适应式成长阶段按经济类型分布 2　　单位：%

指标	条件	国有企业	集体企业	私营企业	港澳台商投资	外商投资	企业属于其他	合计
优	高技术企业 有高技术产品 规模以上	13	0	75	0	0	13	100
良	其他	2	1	80	4	8	5	100

资料来源：笔者整理。

另外，在适应式创新阶段的前半段中，企业主要分布在三大产业中，分别为先进装备制造业、电子信息产业和医药制造业。通过对逆向式创新和适应式创新阶段的非核心企业分析表明，未来沈阳先进装备制造业和电子信息产业中的非核心企业技术能力将成长，这两大产业中的非核心企业最具发展潜力，即最有可能发展成为核心企业（如表 6 –54、表 6 –55 所示）。

表 6－54　　　　　适应成长阶段按产业分布情况 1　　　　　单位：家

指标	条件	先进装备制造业	节能环保产业	新能源产业	汽车产业	航空航天	电子信息	现代农业	医药制造业	新材料产业	高技术服务业	技术领域其他
优	高技术企业											
	有高技术产品	2	0	0	0	0	2	1	2	1	0	2
	规模以上											
良	其他	82	38	17	34	7	26	32	11	29	10	479

资料来源：笔者整理。

表 6－55　　　　　适应成长阶段按产业分布情况 2　　　　　单位：%

指标	条件	先进装备制造业	节能环保产业	新能源产业	汽车产业	航空航天	电子信息	现代农业	医药制造业	新材料产业	高技术服务业	技术领域其他	合计
优	高技术企业												
	有高技术产品	20	0	0	0	0	20	10	20	10	0	20	100
	规模以上												
良	其他	11	5	2	4	1	3	4	1	4	1	63	100

资料来源：笔者整理。

第五节　本章小结

本章通过对《沈阳经济发展状况大调研（高新技术产业）调查问卷》的 1368 家非核心企业进行实证分析，首先对 1368 家非核心企业技术创新能力进行因子分析，找出影响其技术创新能力的主要因子，同时判别目前非核心企业技术创新能力水平的基本情况；在因子分析数据的基础上，对研究样本中涉及的指标与影响因素权重系数进行进一步研究；然后运用最优尺回归，对不同技术创新能力水平下影响因素对其影响的程度进行分析，得出不同技术水平影响因素的影响差异；最后对1368 家非核心企业进行二元 Logistic 回归，探讨非核心企业技术创新能力未来发展趋势，讨论技术创新能力不同成长阶段的非核心企业的经济类型、产业分布等基本情况，预测未来哪些产业、哪些经济类型的非核心企业技术创新能力将会成长，有发展成为核心企业的可能。

第七章

研究结论与展望

第一节 研究结论

在借鉴已有研究成果基础上，构建了一个非核心企业技术创新能力评价的指标体系，这些指标包括技术水平、知识吸收、研发模式、企业控制力和政策环境。根据这些指标是否高于行业平均水平，我们对沈阳市高新技术产业创新网络中的非核心企业进行了识别，并结合问卷调查，分析了非核心企业技术创新行为的一般特点。调查发现，尽管非核心企业在技术创新能力的各个指标上，均与核心企业存在很大差距，但是非核心企业已经开始通过国外专利申请、国际行业标准制定等方式，塑造其内生的技术能力，这将为沈阳市高新技术产业创新网络的升级和竞争力的提升创造条件。具体是：在优势产品的技术水平上，非核心企业“国内领先”和“国内先进”合计高达87%，远高于核心企业的70%，这意味着，在非核心企业所在行业内，其优势产品竞争力借助于较高的技术水平，有可能实现技术的升级。在专利和标准两个重要指标方面，非核心企业的“国际化”路线比较明显。

进一步深化非核心企业技术创新能力演化机理方面的探索，将是一个非常有意义的研究。以往研究关注的重点是核心企业，认为核心企业是产业创新网络中的主导力量，但是，无论是从产品价值链、企业价值链、产业价值链，还是创新价值链来看，非核心企业的参与不仅是各种价值链完整性、产业上下游协调性的内在要求，也是核心企业主导的产业创新网络生成、发展和有持续竞争力的关键。核心企业与非核心企业在产业创新网络中位置的变化或主导权更迭，一方面表现为非核心企业成长为核心企业的过程，另一方面也可以体现为原有核心企业逐渐被某些有潜力的非核心企业替代的过程，这种企业位置的变化，诱导和推动着产业转型升级。因此，通过分析本书得到如下结论：

一、影响创新网络中非核心企业技术创新能力有5大因素

通过对国内国内外关于创新网络、核心企业与非核心企业研究的相关文献梳理，同时根据《沈阳经济发展状况大调研（高新技术产业）调查问卷》中核心企业与非核心企业技术创新能力可获得数据，本书提出影响创新网络中的非核心企业技术创新能力的5大因素，即技术水平、知识吸收、研发模式、知识专有性与网络环境。这5个因素对非核心企业技术创新能力的影响有正、负两个方面，同时，在非核心企业技术创新能力水平不同阶段，各影响因素对其影响程度也存在差异，通过数据分析显示，随着非核心企业技术创新能力的提升，影响因素对其影响系数随之增大。因此，加强非核心企业技术水平、知识吸收、研发模式、知识专有性与网络环境5个方面，才能够有效提高创新网络中非核心企业技术创新能力，使非核心企业在创新网络中的位置从边缘向核心发展，即从非核心企业发展成为核心企业。

二、创新网络中非核心企业技术创新能力整体处于中低级水平

通过对《沈阳经济发展状况大调研（高新技术产业）调查问卷》中的1368家非核心企业技术创新能力进行主成分分析可知，技术创新

能力处于较高阶段的非核心企业仅有 22 家，占比 2%；技术创新能力处于中间阶段的非核心企业有612 家，占比45%；技术创新能力处于低级阶段的非核心企业有734 家，占比54%。创新网络中的非核心企业技术创新能力整体处于中低级水平，仅有 2% 的非核心企业技术创新水平相对较高，换言之，1368 家非核心企业中仅有 22 家未来具有发展成为核心企业的可能，98% 的非核心企业若不提高其技术创新能力，仍将长期为核心企业提供配套或代工服务，受控于创新网络中的核心企业。

三、创新网络中非核心企业技术创新能力成长趋势良好

通过对《沈阳经济发展状况大调研（高新技术产业）调查问卷》中的 1379 家高新技术企业调查数据分析可知，高技术企业主要分为核心企业与非核心企业两大类，其中核心企业仅有 11 家，其余 1368 家企业均属于非核心企业，因此，对于非核心企业技术创新能力的研究具有十分重要的理论及现实意义。研究表明，在创新网络中存在大量的非核心企业，非核心企业技术创新能力远远低于核心企业，非核心企业技术创新能力成长分为三个阶段：适应式创新、逆向式创新、集群式创新。目前，非核心企业技术创新能力主要处于适应式与逆向式创新阶段，同时，还将适应式创新和逆向式创新阶段分别分为优、良两种情况，在逆向式创新前半段的非核心企业主要为私营企业，分布在先进装备制造业、汽车产业、电子信息产业中，这些非核心企业技术创新能力成长的下一阶段即为集群式创新，换言之，即将发展成为核心企业。在适应式创新阶段前半段的非核心企业也主要为私营企业，分布在先进装备制造业、电子信息产业、现代农业、新材料产业中，可见沈阳先进装备制造业的非核心企业未来技术创新能力将快速成长，具有发展成为核心企业的巨大潜力。

第二节　研究展望

在创新网络中存在大量企业，其中包括核心企业与非核心企业，本书首先构建技术创新能力评价指标体系，探索性识别创新网络中核心企业与非核心企业在技术水平、研发模式、知识吸收、知识专有性、网络环境5方面存在的差异，对核心企业与非核心企业的基本概念进行分析；其次，以沈阳高技术产业为研究对象，分析了高技术产业中的非核心企业技术创新能力水平、各影响因素的影响程度演化规律及技术创新能力未来发展趋势，研究了创新网络中非核心企业技术创新能力按经济类型、企业规模、产业分布等方面的基本情况，以及目前沈阳高技术产业非核心企业技术创新能力所处的成长阶段。

面对我国经济发展与东北振兴的新阶段要求，加快提高非核心企业技术创新能力，将有助于形成新的产业内生性动力。第一，实施“研究中心”行动计划。鼓励和引导非核心企业建立各种类型的研发机构，聚集创新人才，特别是通过引入领军型人才，强化知识创造、应用能力，为行业的“隐形冠军群”的孕育与生成，准备技术基础。第二，促进技术“国际化”水平。通过专项资金、行业技术信息平台搭建、鼓励国际专利申请和国际标准制定等形式，为非核心企业技术国际化路径提供政策环境。第三，整合和创新政策工具，将非核心企业获得“其他类型政策优惠”与财政专项资金等工具有效集成，加速非核心企业优势产品的技术升级。

但是，由于样本数量较大，问卷调查数据所包含的信息还有待进一步探索，因此，本书未来研究方向主要集中以下三个方面：

第一，创新网络中核心企业与非核心企业的系数界定将是未来研究方向之一。

第二，本书主要以高新技术产业为研究对象，其他产业的创新网络中非核心企业技术创新能力水平、发展趋势等问题有待进一步分析。

第三，所处不同技术创新能力阶段的非核心企业应采取哪种创新模式，促进其技术创新能力提升，从而达到发展成为核心企业的目的。因此，创新网络中非核心企业技术创新模式选择有待深入研究。

附　录

沈阳经济发展状况大调研（高新技术产业）调查问卷

组织机构代码：____________________

企业名称：____________（公章）　　联系人：________

联系电话：__________传真：__________ E－mail：__________

所在区县____________________

1. 企业属于：

A. 国有企业　　B. 集体企业

C. 私营企业　　D. 港澳台商投资

E. 外商投资　　F. 其他

1：

2. 从事的技术领域是：

A. 先进装备制造业　　B. 节能环保产业

C. 新能源产业　　D. 汽车产业

E. 航空航天　　F. 电子信息

G. 现代农业　　H. 医药制造业

I. 新材料产业　　J. 高技术服务业

K. 其他

2：

3. 基本经济数据：

年份	指标（万元）					
	总产值	销售收入	高新技术产品产值	固定资产总值	研发投入经费	资产负债率
2003（或成立之初）						
2013						
2014						

毛利率

4. ①产品数量：________，

②其中优势产品数量：________，③优势产品技术水平：________

技术水平：A. 国际领先　　B. 国际先进

C. 国内领先　　D. 国内先进

4：① ② ③

5. ①是否获得过市级以上财政资金支持：________，②资金来源：________

①A. 是　　B. 否

②A. 科技创新专项资金　　B. 其他

5：① ②

6. 经营过程中所面临的问题是：

A. 缺少好项目　　B. 缺乏资金

C. 缺少实施项目的技术支持　　D. 缺少政府相关政策的扶持

E. 市场需求不旺　　F. 其他

6：

7. ①是否设立研发机构：________；②技术来源于________

①A. 有　　B. 没有

②A. 自主研发　　B. 国内引进

C. 国外引进　　D. 其他

7：①	②

8. 产品开发中采取方式：________

A. 自主研发　　B. 委托高校

C. 委托科研院所　　D. 与高校科研单位联合开发

E. 到技术产权交易市场购买　　F. 其他

8：

9. ①形成的行业以上标准数量：_______；②其中国际：_______；③国家：______；④地方：________；⑤行业：________

9：①	②	③	④	⑤

10. 有效专利总数________________项，其中：

①国内专利________项；　　②国外/国际专利________项；

③发明专利________项；　　④实用新型专利________项；

⑤外观设计专利________项；

⑥软件著作权、集成电路布图设计等其他________项

10：总数：项①	②	③	④	⑤	⑥

11. 企业享受了以下哪些政策：________

A. 高企所得税优惠　　B. 研发费用税前加计扣除

C. 企业研发设备加速折旧　　D. 技术合同认定登记税收优惠

E. 没有享受到政策　　F. 其他

11：

12. ①是否拥有国内领军型技术人员：________，

②是否进行股权激励：________，

③引进国内外技术专家人数：________

12：① ② ③

13. ①科技研发人员：________名，②占总职工比例：________%

13：① ②

14. 贵单位在自主创新中的瓶颈问题：

A. 优秀人才难求，人才不稳定

B. 成果转化不畅，缺少从高校、院所了解相关技术信息的渠道

C. 创业环境欠佳，如优惠政策落实不及时、市场不够规范

D. 行业进入门槛高，投入大

E. 对政府相关政策和获取支持方式不够了解

F. 其他

14：

15. 贵单位在自主创新发展过程中需要得到哪些服务：

A. 高新技术企业认定

B. 各级科技创新专项资金申报

C. 提供各类资金服务（投资、融资、贷款担保、技术入股、股权转让等）

D. 提供政策支持服务

E. 提供各类科技信息

F. 推荐合适的技术成果

G. 解决各类技术难题

H. 组织上下游产业联盟促进交流（企业家交流、各类产品、技术交流等）

I. 组织各类专题活动（政策解读、知识产权保护等各类专题讲座）

J. 提供生产、试验场地或设备及孵化基地等科技服务平台

K. 其他

15：

16. 贵单位在自主创新技术产业化问题上提出意见或建议（可附页返回）。

____

____

____

____

沈阳高新技术产业发展状况调查问卷填写说明

先生/女士：

您好！依据《沈阳经济发展状况大调研工作方案》文件的要求，为了解沈阳高新技术产业发展情况，进一步优化我市企业科技创新环境，我们进行此次问卷调查。现对表格填写做如下说明：

1. 数据保密。本次调查数据仅用于对沈阳高新技术产业发展调研报告使用，不针对企业和个人。

2. 实事求是。填写人员应如实反映情况，如没有的数据可以用“无”或者“/”代替。

3. 除第“3 基本经济数据”，其他问题答案都对应序号，按照“①②③”的标识填写在答题框内，如有多个选项符合企业情况，答案可以多选。

4. 数据时间节点。除明确要求时间的数据，其他数据都填写 2014 年数据。

谢谢您的配合！

沈阳高新技术产业发展状况调研组

2015 年 1 月 26 日

参考文献

[1] 藏晨:《企业创新能力和技术创新能力的相关性研究》，载《科技进步与对策》2009 年第 6 期。

[2] 曹素璋、高阳、张红宇:《企业创新能力与技术创新模式选择：一个梯度演化模型》，载《科技进步与对策》2009 年第 1 期。

[3] 曹霞、宋琪:《产学研创新系统耦合对产学研主体知识进化影响机理研究》，载《科学学与科学技术管理》2014 年第 12 期。

[4] 陈斌等:《创新、创业与创新集群发展研究综述》，载《科技进步与对策》2014 年第 5 期。

[5] 陈劲、蒋子军、陈钰芬:《开放式创新视角下企业知识吸收能力影响因素研究》，载《浙江大学学报》（人文社会科学版）2011 年第 9 期。

[6] 陈劲、殷辉、谢芳:《创新情景下产学研合作行为的演化博弈仿真分析》，载《科技进步与对策》2014 年第 3 期。

[7] 陈劲等:《创新的理论基础与内涵》，载《科学学研究》2012 年第 9 期。

[8] 陈曦、缪小明:《开放式创新企业创新能力和创新绩效的关系研究》，载《科技管理研究》2012 年第 14 期。

[9] 陈勇星、秦秋英、李由胜:《我国中小企业技术创新的技术选择策略》，载《江苏大学学报》（社会科学版）2009 年第 7 期。

[10] 陈云:《产学研合作相关概念辨析及范式构建》，载《科学学研究》2012 年第 8 期。

[11] 陈忠卫、郝喜玲:《创业团队企业家精神与公司绩效关系的

实证研究》，载《管理科学》2008 年第 2 期。

[12] 程源、高建：《企业外部技术获取：机理与案例分析》，载《科学学与科学技术管理》2005 年第 3 期。

[13] 党兴华、王方：《核心企业知识权力运用对技术创新网络关系治理行为的影响》，载《科学学与科学技术管理》2012 年第 12 期。

[14] 党兴华、王幼林：《技术创新网络中核心企业合作伙伴选择过程研究》，载《科学学与科学技术管理》2007 年第 1 期。

[15] 党兴华、郑登攀：《技术创新网络中核心企业影响力评价因素研究》，载《科研管理》2007 年第 3 期。

[16] 杜欣、邵云飞：《集群核心企业与配套企业的创新博弈分析及收益分配调整》，载《中国管理科学》2013 年第 11 期。

[17] 樊霞、赵丹萍、何悦：《企业产学研合作的创新效率及其影响因素研究》，载《科研管理》2012 年第 2 期。

[18] 冯春贵、杨峥：《行业特色型高校创新模式探究》，载《扬州大学学报》2014 年第 5 期。

[19] 付敬、朱桂龙、樊霞：《企业合作创新模式与能力的演化研究》，载《中国科技论坛》2013 年第 8 期。

[20] 傅建球、张瑜：《产学研合作创新平台建设研究》，载《工业技术经济》2010 年第 5 期。

[21] 傅晓霞、吴利学：《技术差距、创新环境与企业自主研发强度》，载《世界经济》2012 年第 7 期。

[22] 高宏伟：《产学研合作模式选择的博弈分析》，载《沈阳工业大学学报》2011 年第 4 期。

[23] 葛沪飞、仝允桓、高旭东：《企业自主研发选择差异及其影响因素实证研究》，载《研究与发展管理》2010 年第 8 期。

[24] 关辉国：《非价格因素在企业核心竞争力提升中的作用》，载《商业时代》2007 年第 8 期。

[25] 韩丽川、陈忠、陈晓荣：《基于 SSM 的企业创新技术知识需求动态识别模型研究》，载《科技进步与对策》2008 年第 5 期。

［26］郝斌、任浩：《企业间领导力：一种理解联盟企业行为与战略的新视角》，载《工业经济》2011 年第 3 期。

［27］何建洪、贺昌政、胡冬云：《技术能力、战略创新导向与创新型企业形成研究》，载《科技进步与对策》2014 年第 11 期。

［28］何建洪、贺昌政：《企业创新能力、创新战略对创新绩效的影响研究》，载《科学学与科学技术管理》2012 年第 6 期。

［29］何郁冰：《产学研创新的理论模式》，载《科学学研究》2012 年第 2 期。

［30］贺灵：《区域创新能力测评及增进机制研究》，华中科技大学，2013 年。

［31］洪银兴：《产学研创新的经济学分析》，载《经济学家》2014 年第 1 期。

［32］洪勇、苏敬勤：《发展中国家企业创新能力提升因素的实证研究》，载《管理科学》2009 年第 8 期。

［33］胡冬雪、陈强：《促进我国产学研合作的法律对策研究》，载《科学学与科学技术管理》2013 年第 2 期。

［34］胡军燕、朱桂龙、马莹莹：《开放式创新下产学研合作影响因素的系统动力学分析》，载《科学学与科学技术管理》2011 年第 8 期。

［35］黄劲松：《产学研合作的混合治理模式研究》，载《科学学研究》2015 年第 1 期。

［36］黄鲁成、卢文光：《基于属性综合评价系统的新兴技术识别研究》，载《科研管理》2009 年第 7 期。

［37］黄鲁成、张静：《基于专利分析的产业共性技术识别方法研究》，载《科学学与科学技术管理》2014 年第 4 期。

［38］黄玮强、庄新田、姚爽：《基于动态知识互补的企业集群创新网络演化研究》，载《科学学研究》2011 年第 10 期。

［39］季佳玉：《产学研合作的模式与机制研究》，大连理工大学，2008 年。

［40］贾生华、田家欣、李生校：《全球网络、本地网络对集群企

业创新能力的影响》，载《浙江大学学报》（人文社会科学版）2008 年第 3 期。

[41] 贾卫峰、党兴华：《技术创新网络中核心企业形成的三状态模型研究》，载《科学学研究》2010 年第 11 期。

[42] 江海潮：《企业核心竞争力和非核心竞争力竞争追随与均衡》，载《科技进步与对策》2009 年第 5 期。

[43] 解学梅：《中小企业创新网络与创新绩效的实证研究》，载《管理科学学报》2010 年第 8 期。

[44] 解学梅、左蕾蕾：《企业创新网络特征与创新绩效：基于知识吸收能力的中介效应研究》，载《南开管理评论》2013 年第 3 期。

[45] 雷家骕、程源、杨湘玉：《技术经济学的基础理论与方法》，高等教育出版社 2005 年版。

[46] 李朝明、刘静卜：《企业知识创新中的知识共享研究》，载《中国科技论坛》2012 年第 6 期。

[47] 李春发、王雪红、杨琪琪：《生态产业共生网络核心企业领导力与网络绩效关系研究》，载《科学学与科学技术管理》2014 年第 9 期。

[48] 李慧巍：《创新网络学习、集群企业创新能力和企业升级的实证研究》，载《生产力研究》2013 年第 2 期。

[49] 李久平、姜大鹏、王涛：《产学研创新中的知识整合》，载《科学学与科学技术管理》2013 年第 5 期。

[50] 李林、袭勇：《攻关项目创新绩效评价指标网络设计及应用研究》，载《科技进步与对策》2014 年第 1 期。

[51] 李琳、郑刚、杨军：《我国产学研合作创新中的地理邻近效应》，载《工业技术经济》2012 年第 9 期。

[52] 李玲、党兴华：《基于权力依赖的技术创新网络核心企业的识别研究》，载《科学学与科学技术管理》2009 年第 5 期。

[53] 李梅芳、刘国新、刘璐：《企业与高校对产学研合作模式选择的比较研究》，载《科研管理》2012 年第 9 期。

[54] 李梅芳：《企业技术创新投资动力学模型与演化分析》，载

《系统工程》2010 年第 11 期。

[55] 李世超、蔺楠:《我国产学研合作政策的变迁分析与思考》,载《科学学与科学技术管理》2011 年第 11 期。

[56] 李伟、董玉鹏:《创新过程中知识产权归属原则》,载《科学学研究》2014 年第 7 期。

[57] 李文元、向雅丽、顾桂芳:《创新中介在开放式创新过程中的功能研究》,载《科学学与科学技术管理》2012 年第 4 期。

[58] 李新男:《创新“产学研结合”组织模式构建产业技术创新战略联盟》,载《科学学与科学技术管理》2007 年第 5 期。

[59] 李旭:《基于创新市场理论的欧盟与美国 R&D 差异分析》,载《中国经济论坛》2013 年第 9 期。

[60] 李延朋:《垂直专业化、企业签约与知识型技术创新网络构建》,载《中国工业经济》2014 年第 9 期。

[61] 李艳华:《中小企业内、外部知识获取与创新能力提升实证研究》,载《管理科学》2013 年第 7 期。

[62] 李玉刚:《非核心技术创新战略》,载《中国工业经济》2001 年第 11 期。

[63] 李贞、杨洪涛:《吸收能力、关系学习及知识整合对企业创新绩效的影响研究——来自科技型中小企业的实证研究》,载《科研管理》2012 年第 1 期。

[64] 林筠、刘伟、李随成:《企业社会资本对技术创新能力影响的实证研究》,载《科研管理》2011 年第 1 期。

[65] 林伟连:《产学研合作共同体的内涵特征与构建路径》,载《高等工程教育研究》2013 年第 4 期。

[66] 刘刚:《政府主导的创新陷阱及其演化》,载《南开学报》(哲学社会科学版)2013 年第 2 期。

[67] 刘方圆:《CDM、技术转让与知识产权保护》,载《中国社会科学院》2010 年第 4 期。

[68] 刘锦英:《核心企业自主创新网络演化机理研究》,载《技术

与创新管理》2014 年第 2 期。

[69] 刘理、韦成龙:《高校创新人才培养中的动力机制问题思考》,载《中国高教研究》2011 年第 10 期。

[70] 刘力:《产学研合作的历史考察及本质探讨》,载《浙江大学学报》(人文社会科学版) 2002 年第 9 期。

[71] 刘力:《产学研合作的历史考察及比较研究》,浙江大学,2001 年。

[72] 刘炜、马文聪、樊霞:《产学研合作与企业内部研发的互动关系研究》,载《科学学研究》2012 年第 12 期。

[73] 刘玮:《开放式创新环境下技术密集型企业创新能力演化机理研究》,中国地质大学,2013 年。

[74] 刘友金:《集群式创新与创新能力集成——一个培育中小企业自主创新能力的战略新视角》,载《中国工业经济》2006 年第 11 期。

[75] 龙开元:《创新集群:产业集群的发展方向》,载《中国科技论坛》2009 年第 12 期。

[76] 卢仁山:《不同产学研合作模式的利益分配研究》,载《科技进步与对策》2011 年第 9 期。

[77] 芦风军:《产学研合作联盟模式研究》,大连理工大学,2011 年。

[78] 吕一博、程露、苏敬勤:《"资源导向"下中小企业集群网络演进的仿真研究》,载《科研管理》2013 年第 1 期。

[79] 吕一博、苏敬勤:《"创新过程"视角的中小企业创新能力结构化评价研究》,载《科学学与科学技术管理》2011 年第 8 期。

[80] 孟宪文、丁晋中、李惠:《企业技术创新能力与区域技术创新能力的性评价》,载《生产力研究》2009 年第 8 期。

[81] 倪绍华:《CDM 机制下技术转让问题的研究》,天津财经大学,2011 年。

[82] 宁东玲:《知识吸收能力构成维度的实证研究》,载《科技进步与对策》2012 年第 6 期。

[83] 綦良群:《产业技术经济学的基础理论与方法发展组织模式

研究》，载《科技进步与对策》2012年第7期。

［84］钱锡红、杨永福、徐万里：《企业网络位置、吸收能力与创新绩效》，载《管理世界》2010年第5期。

［85］全裕吉、陈益云：《从非核心技术创新到核心技术创新：中小企业创新的一种战略》，载《科学管理研究》2003年第6期。

［86］饶燕婷：《产学研创新的内涵要求与政策构想》，载《高教探索》2012年第4期。

［87］任荣、徐向艺：《政府、产业环境、顾客与企业合作创新》，载《山东大学学报》（哲学社会版）2010年第6期。

［88］任宗强、吴海萍、丁晓：《中小企业内外创新网络演化与能力提升》，载《科研管理》2011年第9期。

［89］申俊喜：《创新产学研合作视角下我国战略性新兴产业发展对策研究》，载《科学学与科学技术管理》2013年第2期。

［90］沈能、赵增耀：《集聚动态外部性与企业创新能力价》，载《科研管理》2014年第4期。

［91］生延超：《企业创新能力与技术创新方式选择》，载《管理科学》2007年第8期。

［92］宋东风：《技术能力对企业创新绩效的影响》，载《科技进步与对策》2012年第15期。

［93］宋晶、陈菊红、孙永磊：《核心企业领导风格、组织间信任与合作创新绩效的关系研究》，载《中国科技论坛》2013年第11期。

［94］孙卫、王彩华、刘民婷：《产学研联盟中知识转移绩效的影响因素研究》，载《科学学与科学技术管理》2012年第8期。

［95］田茂利、杨波、王核成：《集群核心企业网络位移研究》，载《科技管理研究》2012年第5期。

［96］涂振洲、顾新：《基于知识流动的产学研创新过程研究》，载《科学学研究》2013年第9期。

［97］万幼清、邓明然：《基于知识视角的产业集群创新绩效分析》，载《科学学与科学技术管理》2007年第4期。

[98] 汪晓春：《企业创新投资决策的资本结构条件》，载《中国工业经济》2001年第10期。

[99] 王纯旭：《基于创新平台的我国高校创新人才培养研究》，哈尔滨工程大学，2013年。

[100] 王海花、谢富纪、周嵩安：《创新生态系统视角下我国实施创新驱动发展战略的“四维”框架》，载《科技进步与对策》2014年第9期。

[101] 王进富、张颖颖、苏世彬、刘江南：《产学研创新机制研究》，载《科技进步与对策》2013年第8期。

[102] 王培林：《对华为知识创新过程的理性分析》，载《科技进步与对策》2010年第9期。

[103] 王伟光：《创新、集群与发展——基于区域的一个视角》，经济管理出版社2011年版。

[104] 王伟光、冯荣凯、尹博：《产业创新网络中核心企业控制力能够促进知识溢出吗》，载《管理世界》2015年第6期。

[105] 王文岩、孙福全、申强：《产学研合作模式的分类、特征及选择》，载《中国科技论坛》2008年第6期。

[106] 魏奇峰、顾新：《基于知识流动的产学研创新过程研究》，载《科技进步与对策》2013年第8期。

[107] 吴华霞：《核心企业在技术联盟中的作用研究》，载《商业经济》2013年第7期。

[108] 吴佩、陈继祥：《自主创新模式下企业创新能力提升机理研究》，载《科学学与科学技术管理》2011年第4期。

[109] 吴青熹：《变革型领导、社会资本和创新组织学习的视角》，南京大学，2011年。

[110] 吴悦、顾新：《产学研创新的知识过程研究》，载《中国科技论坛》2012年第10期。

[111] 夏红云：《产学研创新动力机制研究》，载《科学管理研究》2014年第12期。

[112] 夏维力、曾文水、白桦:《大学技术转让与风险投资的关系模型研究》，载《科技进步与对策》2006 年第 12 期。

[113] 项后军:《核心企业视角的产业集群与企业技术创新关系的重新研究》，载《科研管理》2010 年第 7 期。

[114] 项后军、江飞涛:《核心企业视角的集群竞—合关系重新研究》，载《中国工业经济》2010 年第 6 期。

[115] 项后军、潘锡泉:《产业集群、技术差距的双重影响与核心企业成长》，载《研究与发展管理》2011 年第 10 期。

[116] 项后军、朱晓艳、朱瑞忠:《企业“集群化成长”理论的重新研究：基于核心企业的视角》，载《科学学研究》2009 年第 6 期。

[117] 项杨雪:《基于知识三角的高校创新过程机理研究》，浙江大学，2013 年。

[118] 肖丁丁、朱桂龙:《产学研合作创新效率及其影响因素的实证研究》，载《科研管理》2013 年第 1 期。

[119] 谢洪明、张霞蓉、程聪等:《网络关系强度、企业学习能力对技术创新的影响研究》，载《科研管理》2012 年第 2 期。

[120] 谢永平、党兴华、毛雁征:《技术创新网络核心企业领导力与网络绩效研究》，载《预测》2012 年第 5 期。

[121] 谢永平、党兴华、孙永磊:《知识权力集中度、核心企业治理与网络稳定》，载《科学学与科学技术管理》2014 年第 9 期。

[122] 谢永平、党兴华、张浩淼:《核心企业与创新网络治理》，载《经济管理》2012 年第 3 期。

[123] 谢园园、梅姝娥、仲伟俊:《产学研合作行为及模式选择影响因素的实证研究》，载《科学学与科学技术管理》2011 年第 3 期。

[124] 徐静、冯锋、张雷勇、杜宇能:《我国产学研合作动力机制研究》，载《中国科技论坛》2012 年第 7 期。

[125] 徐雨森、洪勇、苏敬勤:《后发企业创新能力生成与演进分析》，载《科学学与科学技术管理》2008 年第 5 期。

[126] 许强、应翔君:《核心企业主导下传统产业集群和高技术产

业集群创新网络比较》，载《科学学与科学技术管理》2012 年第 6 期。

[127] 薛娇、马海泉：《创新驱动发展实现高校科技发展方式的转变》，载《中国高校科技》2013 年第 1 期。

[128] 闫杰、缪小明、张丰等：《我国产学研合作创新研究前沿演进趋势知识图谱》，载《科技进步与对策》2012 年第 11 期。

[129] 阳震青、彭润华：《创新生态观视角下中小企业创新业绩评价研究》，载《市场研究》2014 年第 9 期。

[130] 杨洪涛、吴想：《产学创新知识转移影响因素实证研究》，载《科技进步与对策》2012 年第 7 期。

[131] 杨莹、于渤、田国双：《企业创新能力对技术学习效率作用机制研究》，载《科技进步与对策》2014 年第 7 期。

[132] 叶静怡、杨洋、韩佳伟、韦璐璐：《投入、隐性因素与大学技术成果转化》，载《经济学家》2014 年第 5 期。

[133] 叶伟巍、高树昱、王飞绒：《创业领导力与技术创业绩效关系研究》，载《科研管理》2012 年第 8 期。

[134] 于渤、张涛、郝生宾：《重大技术装备制造企业创新能力演进过程及机理研究》，载《科学学与科学技术管理》2011 年第 10 期。

[135] 余泽民：《创新集群模式分类研究》，华中科技大学，2007 年。

[136] 原毅军、田宇、孙佳：《产学研技术联盟稳定性的系统动力学建模与仿真》，载《科学学与科学技术管理》2013 年第 4 期。

[137] 张德茗、李艳：《科技型中小企业潜在知识吸收能力和实现知识吸收能力与企业创新绩效的关系研究》，载《研究与发展管理》2011 年第 6 期。

[138] 张峰：《产学研创新中知识粘滞的成因与管控研究》，载《武汉理工大学学报》2013 年第 11 期。

[139] 张根明、温秋兴：《企业创新：激励网络与企业创新能力关系研究》，载《科学学与科学技术管理》2010 年第 4 期。

[140] 张海滨：《高校产学研创新的影响因素及机制构建》，载《福州大学学报》（哲学社会科学版）2013 年第 3 期。

［141］张军、许庆瑞、张素平：《企业创新能力内涵、结构与测量》，载《管理工程科学报》2014 年第 3 期。

［142］张力：《产学研创新的战略意义和政策走向》，载《教育研究》2011 年第 7 期。

［143］张丽娜：《行业特色型高校协同创新的机制研究》，中国矿业大学，2013 年。

［144］张钦朋：《产学研创新政府引导机制研究》，载《科技进步与对策》2014 年第 3 期。

［145］张文强：《我国产业技术创新与产学研结合模式研究》，武汉理工大学，2013 年。

［146］张秀娥、姜爱军、张梦琪：《网络嵌入性、动态能力与中小企业成长关系研究》，载《东南学术》2012 年第 6 期。

［147］张永安、王燕妮：《核心企业创新网络结构、类型解析》，载《科学学与科学技术管理》2010 年第 12 期。

［148］张中强：《基于管理维度的制造业与物流业创新研究》，载《科技进步与对策》2012 年第 5 期。

［149］张宗庆、郑江淮：《技术无限供给条件下企业创新行为》，载《管理世界》2013 年第 1 期。

［150］赵晓庆、许庆瑞：《企业创新能力演化的轨迹》，载《科研管理》2002 年第 1 期。

［151］赵炎、孟庆时：《创新网络中基于结派行为的企业创新能力评价》，载《科研管理》2014 年第 7 期。

［152］钟书华：《创新集群：概念、特征及理论意义》，载《科学学研究》2008 年第 2 期。

［153］仲伟俊、梅姝娥、谢园园：《产学研合作技术创新模式分析》，载《科学学与科学技术管理》2009 年第 8 期。

［154］周晓阳、王钰云：《产学研创新绩效评价文献综述》，载《科技管理研究》2014 年第 11 期。

［155］周正、尹玲娜、蔡兵：《我国产学研创新动力机制研究》，

载《科学学与科学技术管理》2013 年第 7 期。

[156] 周志太:《基于经济学视角的创新网络研究》，吉林大学，2013 年。

[157] 朱桂龙、彭有福:《产学研合作创新网络组织模式及其运作机制研究》，载《科学学与科学技术管理》2003 年第 4 期。

[158] 朱华桂、庄晨:《自主研发、外部知识获取与企业绩效研究》，载《科学学与科学技术管理》2015 年第 2 期。

[159] 朱雪春、陈万明、殷红幸:《企业创新伙伴选择研究》，载《中国科技论坛》2014 年第 11 期。

[160] 朱兆斌:《推动高校科技创新和学科建设的产学研合作模式探索与研究》，载《研究与发展管理》2012 年第 2 期。

[161] Alfonso Gambardella, Claudio Panico. On the management of open innovation [J]. *Research Policy*, 2014.

[162] Barney J. B. Firm resources and sustainable competitive advantage [J]. *Journal of Management*, 1991: 99 - 120.

[163] Beatrice D'Ippolito, Marcela Miozzo, Davide Consoli. Knowledge systematisation, reconfiguration and the organisation of firms and industry: The case of design [J]. *Research Policy*, 2014.

[164] Bianconi G, Barabasi A L. Competition and multiscaling in evolving networks [J]. *Europhysics letters*, 2001: 436 - 442.

[165] Bougrain Frederic, Haudeville Bernard. Innovation, collaboration and SMEs internal research capacities [J]. *Research Policy*, 2002: 735 - 747.

[166] Casanueva Cristobal, Castro Ignacio, J. L. Galan. Informational networks and innovation in mature industrial clusters [J]. *Journal of Business Research*, 2012.

[167] Cecia Federica, Iubatti Daniela. Personal relationships and innovation diffusion in SME networks: A content analysis approach [J]. *Research Policy*, 2012: 565 - 579.

[168] Crawford Seth. What is the Energy Policy-planning network and who dominates it? A network and QCA analysis of leading energy firms and organizations [J]. *Energy Policy*, 2012: 430 - 439.

[169] Cristiano Antonelli, Claudio Fassio, The economics of the light economy: Globalization, skill biased technological change and slow growth [J]. *Technological Forecasting and Social Change*, *In Press*, *Corrected Proof*, 2013.

[170] Daniele Archibugi, Andrea Filippetti, Marion Frenz, Economic crisis and innovation: Is destruction prevailing over accumulation? [J]. *Research Policy*, 2013: 303 - 314.

[171] Erkko Autio, Martin Kenney, Philippe Mustard, Don Siegel, Mike Wright, Entrepreneurial innovation: The importance of context, *Research Policy*, 2014.

[172] Gardet Elodie, Fraiha Shady. Coordination Modes Established by the Hub Firm of an Innovation Network: The Case of an SME Bearer [J]. *Journal of Small Business Management*, 2012: 216 - 238.

[173] Gerhard Fuchs, Philip Shapira, Rethinking Regional Innovation and Change: Path Dependency or Regional Breakthrough? [M]. *Springer*, New York, 2005.

[174] Gnyawali Devi R., Srivastava Manish K. Complementary effects of clusters and networks on firm innovation: A conceptual model [J]. *Technology Management*, 2013: 1 - 20.

[175] Haeussler Carolin, Patzelt Holger, Zahra Shaker A. Strategic alliances and product development in high technology new firms: The moderating effect of technological capabilities [J]. *Journal of Business Venturing*, 2012: 217 - 233.

[176] Holmlund, M. The D&D Model-dimensions and Domains of Relationship Quality Perceptions [J]. *Service Industries Journal*, 2001: 13 - 36.

[177] Howells J. Intermediation and the role of intermediaries in inno-

vation [J]. *Research Policy*, 2006: 715 -728.

[178] ImaiK, BabaY. Systemic Innovation and Cross - Border Networks: Transcending Markets and Hierarehies [C]. *OECD Conference on Science*, Technology and Economic Growth, Paris, 1989.

[179] Julia Olmos - Peñuela, Elena Castro - Martínez, Pablo D'Este, Knowledge transfer activities in social sciences and humanities: Explaining the interactions of research groups with non-academic agents [J]. *Research Policy*, 2014.

[180] Kalanit Efrat. The direct and indirect impact of culture on innovation [J]. *Technovation*, Volume 34, Issue 1, January 2014: 12 -20.

[181] Klepper, S. Entry, Exit, Growth and Innovation over the Product Life Cycle [J]. *American Economic Review*, 1996: 562 -583.

[182] Lopez - Vega H, Wim V. Connecting open and closed innovation markets: A typology of intermediaries [DB/OL]. http: //mpra. ub. uni - muenchen. de/27017/MPRA Paper No. 27017.

[183] Marco Guerzoni, T. Taylor Aldridge, David B. Audretsch, Sameeksha Desai, A new industry creation and originality: Insight from the funding sources of university patents [J]. *Research Policy*, 2014.

[184] Massimo G. Colombo, Larissa Rabbiosi, Technological similarity, post-acquisition R&D reorganization, and innovation performance in horizontal acquisitions [J]. *Research Policy*, 2014.

[185] Miguel - Ángel Galindo, María Teresa Méndez, Entrepreneurship, economic growth, and innovation: Are feedback effects at work? [J]. *Journal of Business Research*, In Press, Corrected Proof, 2013.

[186] Rothwell Roy, Leader. External networking and innovation in small and medium-sized manufacturing firms in Europe [J]. *Technovation*, 1991: 93 -112.

[187] Sami Mahroum, Yasser Al - Saleh, Towards a functional framework for measuring national innovation efficacy [J]. *Technovation*, 2013:

320 – 332.

[188] Sawers Jill L., Pretorius Marthinus W., Leon A. G. Oerlemans. Safeguarding SMEs dynamic capabilities in technology innovative SME – large company partnerships in South Africa [J]. *Technovation*, 2008: 171 – 182.

[189] Schneier. The Role Of the Founder in Creating Organizational Cultual [J]. *Organizational Dynamics*, 1985: 13 – 28.

[190] Srivardhini K. Jha, Rishikesha T. Krishnan, Local innovation: The key to globalisation [J]. *IIMB Management Review*, 2013: 249 – 256.

[191] Tomlinson Philip R., Fai Felicia M. The nature of SME cooperation and innovation: A multi-scalar and multi-dimensional analysis [J]. *Int. J. Production Economics*, 2013: 316 – 326.

[192] Valk Tessa van der, Maryse M. H. Chappin, Govert W. Gijsbers. Evaluating innovation networks in emerging technologies [J]. *Technological Forecasting and Social Change*, 2011: 25 – 39.

[193] Victor Gilsing, Bart Nootehoom, et al. Network Emheddedness and the Exploration of Novel Technologies: Technological Distance, Betweenness Centrality and Density [J]. *Research Policy*, 2008: 1717 – 1731.

[194] Voudouris Irini, Lioukas Spyros, Iatrelli Maria, Caloghirou Yannis. Effectiveness of technology investment: Impact of internal technological capability, networking and investment's strategic importance [J]. *Technovation*. 2012: 400 – 414.

[195] Zoltán J. Ács, Erkko Autio, Lászlό Szerb, National Systems of Entrepreneurship: Measurement issues and policy implications [J]. *Research Policy*, 2014.

后　记

创新是企业发展的不竭动力、是企业的命根子。在新冠肺炎疫情全球大流行与世界经济延续复苏的国际背景下，我国的核心企业与非核心企业亟须在创新网络中提高技术创新能力，加快新技术、新服务、新产品、新战略等方面的研发，增强企业发展的安全性，加快摆脱关键领域的技术封锁，积极应对当前国际激烈的竞争环境，使企业自身发展能够始终立于不败之地。

在此基础上，本书重点研究了我国非核心企业的技术创新能力，是在我的博士论文基础上修改而成的。回想博士研究生的学习生涯，虽然很辛苦，但是感恩之情不禁油然而生。不经一番寒彻骨，怎得梅花扑鼻香。本书的顺利完成得到了太多的帮助和支持。

感谢全国政协参政议政人才库特聘专家、清华大学国际生物经济中心主任王宏广教授多年的指导与关心，并为本书作序。王宏广教授在研究视野和研究思路等方面给予诸多开拓和指导，王教授的严谨治学、仁慈待人的高尚品德一直是我学习的榜样。

感谢辽宁大学教务处处长王伟光教授指导完成了本书的写作，王教授提供了研究样本，并且对本书整体思路把握、数据分析的研判等方面做出悉心指导，王教授的儒雅、创新的治学品格和一丝不苟的学术态度对我影响深刻。

感谢在我博士学习过程中给予我帮助的老师、同学和朋友们。感谢我的硕士生导师耿乃国教授，感谢耿老师在博士学习阶段给予关心和鼓励；感谢辽宁大学唐晓华教授、黄继忠教授、聂荣教授在本书写作过程中给予的宝贵意见；感谢潘敏老师在本书实证研究部分给予的悉心指导；感谢我的同学们，感谢大家在本书写作过程中提供的帮助；感谢辽宁大学经济学院的各位领导与同事们，本书能够顺利出版，得益于辽宁大学经济学院提供了优质的科研环境和有力的支持。

感谢多年来照顾、爱护我的家人们。感谢我的父母，对我的所有决定和选择均无条件的鼓励和支持；感谢我的亲人们，是你们的宠爱使我能一直保持阳光积极的心态；感谢我的爱人李顺先生，多年的陪伴、包容和支持，让我的生活无比幸福，能够始终专注于经济学的研究。你们的肯定是我前进的最大动力！

由于学术水平有限，不妥之处在所难免，敬请广大读者赐教。

由　雷

2020 年 10 月 20 日于沈阳